DOKTOR ANIA

Smart shopping

książki Burda

Marysi i Zosi,

Babci Irence,

oraz Tobie, droga Czytelniczko, Czytelniku, za to,
że wspieraliście mnie w pracy i dodawaliście sił w ciężkich chwilach,

dziękuję.

Spis treści

To nie jest książka o zdrowym odżywianiu

To nie jest też książka o technologii żywności ani żaden podręcznik, gdzie znajdziesz wszystko o wszystkim.

To jest trochę książka podróżnicza, o moich podróżach po sklepach spożywczych, z dodatkiem przydatnych informacji w stylu „jak żyć". Jest troszkę teorii, ale wybiórczo. Ze świadomie subiektywną selekcją objętości, nie oczekuj zatem podręcznikowych 100% wyczerpania każdego z tematów.

Nie ma zbyt dużo o dodatkach spożywczych i produktach dla dzieci – w tych tematach planuję oddzielne publikacje. W innych obszarach wiedza podana jest raczej na zasadzie sygnalizowania problemu i często przedstawienia alternatywy.

Ta książka jest też trochę moją próbą zachęcenia cię do zmierzenia się ze sobą (co jest chyba najtrudniejsze) oraz ze skalą, która po jednej stronie zahacza o styl życia typu „oj tam, oj tam" (pamiętaj, że prawie wszyscy tam kiedyś byliśmy), a po drugiej – jest permanentne szukanie dziury w całym, czyli „to jest SPISEK". Większość nas kupowała kiedyś zupełnie przypadkowe produkty, nie mając pojęcia, że można inaczej, być może tak jak ty teraz. Nie ma nic złego w tym, że nie masz wiedzy, nie każdy musi się znać na wszystkim. Ale brak wiedzy powoduje, że łatwiej ulegamy chwytliwym hasełkom głoszonym przez pseudonaukowców, ponieważ nie potrafimy pewnych rzeczy zweryfikować. Myślę, że za duży przechył w którąkolwiek ze skrajności to zły pomysł, dlatego staram się być gdzieś pomiędzy. Raz bliżej jednej krawędzi, raz bliżej drugiej, ale zawsze na bezpieczną odległość, którą i tobie polecam.

Faktem jest, że pewne związki chemiczne są szkodliwe, rakotwórcze i nie mam zamiaru wmawiać, że „na pewno nic nam nie będzie". Ale chcę też podkreślić, że niektórych zjawisk czy obecności pewnych substancji NIE DA się obecnie uniknąć. Musimy być tego świadomi – płacz i zgrzytanie zębami niewiele tu zmieni.

Dlatego zachęcam do zachowania równowagi oraz podchodzenia do tematu bez ciśnienia i niepotrzebnego zdenerwowania. Jedzenie i robienie zakupów spożywczych nie muszą i nie powinny być źródłem stresu. Jedzenie to przyjemność, a życie robi się jeszcze piękniejsze i bardziej kolorowe, gdy towarzyszy temu dodatkowo odżywienie organizmu i poprawa samopoczucia. BEZ zastanawiania się, ile w tej porcyjce ryżu jest właściwie arsenu i czy w porcyjce obok jest może troszkę mniej.

Jeśli chcesz coś zmienić – być może część informacji tu zawartych pomoże ci odnaleźć się w gąszczu sklepowych półek, gdzie tysiące kolorowych produktów z dobrym marketingiem nie pozwala nam przejść obojętnie obok. Każdy z nas wpada od czasu do czasu w te pułapki i naprawdę nie ma sensu obwiniać się godzinami za popełniane błędy. Lepiej rzuć okiem na trefne składy i zminimalizuj prawdopodobieństwo pomyłki.

Kluczem do mojej oceny jest zawsze skład produktu, czasem pochodzenie. Szczególny nacisk kładę na zawartość cukrów prostych dodanych. Wychodzę z założenia, że jeśli nie trzeba, nie muszę spożywać dodatkowych substancji oraz dodatkowych porcji cukru. Przyzwolenie społeczne na tony cukru przewalające się przez stoły w miejscach pracy, domach, szkołach, a nawet przedszkolach działa na mnie jak czerwona płachta na byka. Tylko dlatego, że patrząc na obecną sytuację z dystansu, widzę skalę zagrożenia. Ty też zobaczysz.

Ale nie martw się, nikt nie będzie przekonywał cię do natychmiastowej rezygnacji z czipsów ziemniaczanych na rzecz tych z jarmużu. Kupuj i jedz, co chcesz – to twój wybór. Ja ze swojej strony wskazuję, które produkty są lepsze, a które gorsze, naświetlam pewne szczególnie ważne kwestie lub ciekawostki, daję ci narzędzia i uczę posługiwania się nimi, ale decyzja należy do ciebie – zrób z tą wiedzą to, co uważasz za odpowiednie DLA CIEBIE. Możesz korzystać z książki wedle uznania – skakać po rozdziałach, czytać od końca lub zacząć od rozdziału o chemii, bo wszystko, co nas otacza, to chemia!

To jest właśnie coś, co fascynowało mnie od zawsze. W wodzie, w glebie, w powietrzu, w żywności – wszędzie jest chemia, a twój organizm też składa się z przeróżnych związków chemicznych. Od niezwykle prostych, do skomplikowanych tak bardzo, że człowiek ma problem z odtworzeniem ich w laboratorium. Nasz świat to jedna wielka scena dla wielu przeróżnych aktorów – związków chemicznych. Jedne są lepsze, fajniejsze, a inne mniej korzystne dla naszego zdrowia. To czarne charaktery. Niektórych nie da się uniknąć, ale warto wyeliminować te, które jesteś w stanie odstawić od ręki, często w bardzo prosty sposób. Wystarczy wziąć z półki w sklepie opakowanie leżące obok.

I właśnie o tym jest ta książka. ●

Część ogólna

1 *Dlaczego producenci nam to robią?*

Cześć, nazywam się Ania i mieszkam w sklepie spożywczym

Ktoś mnie naprawdę kiedyś zapytał o to, czy – poza mieszkaniem w sklepie – coś jeszcze robię w życiu. Ale trochę tak to wygląda, jeśli co najmniej kilkanaście godzin tygodniowo spędzam w różnych sklepach spożywczych, i to o różnych porach dnia, a czasem nocy.

Czego nauczyłam się, „mieszkając w sklepie"?

Na przykład tego, że przepisy przepisami, a i tak ostatecznie decyduje czynnik ludzki. Tego, że wieszamy psy na producentach, kierownikach, wielkich koncernach, pestycydy trują, zaufanie do ekologicznej żywności takie sobie, a tak naprawdę czasami wystarczy, że pan Zenek spod Warszawy sypnie więcej niż trzeba, bo „mu się wydaje, że jak będzie więcej, to będzie lepiej", albo pani Krysia nie posprząta zgodnie z procedurą, „bo jej się aktualnie nie chce", i wszystkie wieloletnie badania, zalecenia producenta, szkolenia dotyczące preparatów itp. mogą się... wiesz co. Ot, czynnik ludzki. Dlatego wyznaję jedną podstawową zasadę.

Nie martwię się rzeczami, na które nie mam wpływu. Zmieniam to, co mogę, na tyle, na ile mogę. Codziennie staram się robić coś lepiej, ale jeśli mi nie wyjdzie – nie leżę krzyżem na podłodze, zanosząc się szlochem. Chyba trochę szkoda mi na to czasu i energii.

No, ale dlaczego producenci nam to robią?

To nie do końca tak jak myślisz. Mało tego – wszystko, o co oskarżasz producentów, wynika z twojego widzimisię.

To my – konsumenci – jesteśmy największymi hipokrytami w tym temacie, nie producenci.

Nasz „nowy" styl życia czyni coraz bardziej niemożliwym spożywanie trzech świeżo przyrządzonych posiłków dziennie. Zatem coraz częściej jemy w lepszych lub gorszych knajpach, sieciówkach z fast foodem lub korzystamy z żywności głęboko przetworzonej, od której oczekujemy idealnego wyglądu, smaku i zapachu o każdej porze dnia i nocy.

Chcemy wszystko mieć jak najszybciej i jak najlepiej. Od jogurtu oczekujemy, że nie będzie podlegał prawom fizyki, od sosu zrobionego z oliwy i wody, że nie będzie się rozwarstwiał, od szynki, że będzie non stop cudownie różowa, a chleb wiecznie świeży i chrupiący.

A jak nie, to pójdziemy do sklepu obok, bo tam przecież taki sprzedają.

Oczekujemy domowego smaku, tekstury i wyglądu, a także bezpieczeństwa spożywania. Połączenie „idealnego" i „prawie jak domowego" w żywności przetworzonej wydawałoby się niemożliwe, ale jednak funkcjonuje – wyłącznie dzięki użyciu... substancji dodatkowych.

Uzasadnieniem stosowania dodatków spożywczych jest określony charakter żywności oraz potrzeby technologiczne, a także cena. Oczywiście irytuje mnie, że niektóre firmy, zamiast zatrudnić człowieka do mieszania, który „stałby cały dzień i mieszał", wolą użyć gotowca, ale niestety tak to wygląda.

Ponadto skażenie mikrobiologiczne jest często dużo bardziej niebezpieczne niż zastosowanie określonych dodatków spożywczych i trzeba mieć to na względzie, zanim zaczniemy protestować przeciwko „ciężkiej chemii".

Stosowanie substancji, aby ukryć popełniane błędy technologiczne, maskować brak staranności w trakcie produkcji lub świadomie wprowadzać konsumenta błąd, jest natomiast niedopuszczalne i właśnie z tym walczę na wszystkich możliwych frontach.

Podczas oceny wpływu poszczególnych substancji na nasz organizm przydatne są wartości ADI (*Acceptable Daily Intake*), czyli dopuszczalne dzienne spożycie z uwzględnieniem kilku różnych czynników. Ze względu na ADI substancje dzielimy na te o limitowanym i nielimitowanym dopuszczalnym dziennym spożyciu.

W przypadku tych o limitowanym spożyciu – im mniejsze ADI, tym gorzej, bo to oznacza, że możemy zjeść takiej substancji mniej.

Przykładowo azoTAN sodu ma ADI = 3,7, natomiast azoTYN – ADI = 0,7. Czyli obecne powszechnie azotany są nieco bezpieczniejsze w spożyciu niż dodawane do mięs azotyny.

Ale przecież ma naklejkę „najwyższa jakość"...

Wedle podręczników mamy kilka parametrów charakteryzujących to określenie, np. jakość sensoryczną, bezpieczeństwo, wartość odżywczą, wartości prozdrowotne, dyspozycyjność. Na każdy z tych parametrów wpływa wiele czynników, np. na wartość odżywczą – strawność, wartość energetyczna i zawartość składników odżywczych oraz składników niepożądanych.

Zatem nalepka **„najwyższa jakość"** na opakowaniu może mieć związek z tym, że nie musisz stać przy garach albo że produkt zawiera odpowiednie proporcje węglowodanów, tłuszczu i białka. To, czy jest zdrowy, czy nie – to już oddzielna historia i warto o tym pamiętać, bo *business is business*, a firmy produkujące jedzenie to nie organizacje charytatywne.

Producenci, hodowcy, rolnicy i projektowanie składu to jedno, a co się dzieje z towarem dalej, to kolejna ciekawa historia. Jeśli masz zaprzyjaźnionych pracowników w jakimś sklepie, zapytaj, czy jest ktoś, kto decyduje o ułożeniu towarów na półkach w określonych miejscach (np. bliżej lub dalej od wejścia, kas itp.), czy jakiekolwiek produkty lub surowce zepsute, uszkodzone, spleśniałe są „obrabiane" i wracają w jakiejkolwiek postaci do konsumenta (np. odkrawanie spleśniałego kawałka i dalsza sprzedaż), czy surowce lub produkty są przechowywane we właściwy – odpowiedni dla danego towaru – sposób (np. jeśli jest zalecenie trzymania w lodówce, czy faktycznie są cały czas w lodówce)?

Właśnie tak – zasady zasadami, procedury procedurami, a trzeba liczyć się z tym, że w życiu bywa różnie, dlatego jeszcze raz podkreślę. **Nie martw się rzeczami, na które nie masz wpływu**. Zmień to, co możesz, na tyle, na ile możesz. Proste, prawda? ●

2 Dobre geny nie wystarczą

Co jakiś czas słyszę od młodych ludzi teksty w stylu „jem dużo słodyczy i fast foody, ale wyglądam świetnie i czuję się doskonale, bo mam dobre geny" albo „kiedyś ludzie jedli gorzej i jakoś żyli". Domyślam się, że zastanawianie się, jaki wpływ na zdrowie za trzy lata może mieć jedna paczka chipsów dziennie może wydawać się niektórym nieco abstrakcyjne czy wręcz absurdalne. Chciałabym potwierdzić, że wszystko zależy od genetyki, ale tak nie jest. Opieranie się na tym, co było kiedyś, że kiedyś ludzie jedli coś tam albo robili coś tam i było coś tam, jest potężnym błędem. Kiedyś spożywaliśmy 10 razy mniej cukru (serio!) i było o niebo więcej aktywności sportowej, ponadto jedliśmy często mniej niż więcej. Teraz jest dokładnie odwrotnie.

A jeśli komuś tak bardzo podobały się pradawne czasy, proponuję przenieść się do epoki, gdzie brak higieny i leków był na porządku dziennym, gdzie standardowo umierało się koło czterdziestki i nikogo nie dziwiła śmierć matki lub dziecka przy porodzie.

Jeśli więc twoja babcia jadła całe życie tony smalcu i paliła pety, nie świadczy to absolutnie O NICZYM. Możesz mieć doskonałe geny, ale **nie uchroni cię to w pełni** np. przed niektórymi nowotworami, cukrzycą typu II czy konsekwencjami otyłości z powodu nieprawidłowych nawyków żywieniowych.

Mało tego! Możliwy jest związek między składnikami diety a ekspresją genu, co w języku polskim oznacza, że to, co jesz, oraz styl życia (np. palenie papierosów, picie alkoholu, brak aktywności fizycznej) może mieć wpływ na to, co organizm zrobi z genami, które ma (bardzo upraszczając).

Do genetyki dodajmy uwarunkowania ekonomiczne, czynniki klimatyczne, kulturowe, religijne i społeczne oraz brak aktywności sportowej.

Niektórzy myślą, że sposób i jakość odżywiania zależą od tego, ile kto ma pieniędzy. Nie jest to prawdą – udowadniam to w tej książce wielokrotnie.

Innym się wydaje, że przeniesienie stylu odżywiania skądś tam na nasze warunki jest idealnym rozwiązaniem, np. dieta śródziemnomorska. Niestety jedzą trochę za mało ryb, żeby litrami pić wyłącznie oliwę z oliwek.

Wiele osób sądzi, że zanieczyszczenie powietrza i wody nie ma znaczenia. Ma, i to ogromne.

Niektórzy myślą, że wypada coś zjeść, bo będzie przykro, że zawsze trzeba zjeść do końca, że jak zjesz mięsko, to dostaniesz deser. Prawda jest taka, że przekazując następnym pokoleniom wiedzę w stylu „jedz, bo drogie", „jedz, bo nie wypada zostawić", „zjedz za mamusię", produkujemy niepełnosprawnych metabolicznie ludzi, którzy już sami nie wiedzą, kiedy są głodni, a kiedy nie. Kompletnie nie potrafią rozpoznawać sygnałów płynących z organizmu, a emocje są tak silnie związane z jedzeniem, że ośrodek nagrody i kary w mózgu to jeden wielki automat z batonami, czekoladą i czipsami. Później pojawia się też guzik „wino".

Ludzie nie tylko bagatelizują zagrożenia zdrowotne płynące z błędów żywieniowych i braku sportu, ale też nie rozumieją, że odżywianie może mieć wpływ na nasze samopoczucie. Obwiniamy pogodę, niskie ciśnienie, złośliwość losu, nie rozumiejąc często, że substancje konieczne do prawidłowej pracy mózgu nie biorą się z powietrza.

Oczywiście na nastrój mają też wpływ inne parametry, a depresja to taka sama choroba jak każda inna, gdzie zdrowa dieta to za mało i należy leczyć się farmakologicznie. Niemniej jednak przy lekkim obniżeniu nastroju należałoby się zastanowić, czy to, z czym wychodzimy ze sklepu spożywczego, nie pogarsza sytuacji. Tony fast foodów i słodyczy na pewno nie pomogą, nawet gdy raz na jakiś czas zjesz brokuły i codziennie łykniesz suplement. Nie, NIE wszystko będzie okej. Niestety jest bardzo duże prawdopodobieństwo, że nie będzie.

Nie warto robić śmietnika ze swojego organizmu

- **Warto robić** zakupy świadomie, zdawać sobie sprawę z tego, że pewnych produktów po prostu nie ma sensu kupować i jeść. Szkoda pieniędzy i wątroby na byle co.
- **Fajnie jest znaleźć** część wspólną między zbiorem „uwielbiam to jeść" a „to jest zdrowe". Warto wiedzieć, że nie wszystkie zdrowe produkty może jeść każdy. Nie ma czegoś takiego jak produkt stuprocentowo zdrowy i doskonały do spożycia w nieograniczonej ilości, dla każdego. Owszem – są ogólne zalecenia dotyczące kaloryczności, tego, że cukru dodanego max 10% (co najwyżej kilka łyżeczek dziennie), że mięso max 2 razy w tygodniu, raz ryba, a soli to jedną łyżeczkę dziennie. Ale tak naprawdę, każdy z nas jest inny, robi coś innego i ma zupełnie różną aktywność sportową (O ILE W OGÓLE MA). Wspólnym mianownikiem powinno być zatem podawanie odpowiedniej ilości składników odżywczych, odpowiedniej jakości, w odpowiednim czasie.
- **Fajnie jest wiedzieć,** co nam służy, po czym czujemy się dobrze, po jakich produktach mamy gorsze samopoczucie albo odczuwamy pewien dyskomfort.
- **Dobrze jest znać** siłę oddziaływania naszej diety na organizm, zdawać sobie sprawę z tego, jak wiele możemy zyskać,

odżywiając się we właściwy sposób, i jak wiele możemy stracić, wybierając wyłącznie żywność przetworzoną i tony cukru. Wszystko jest ze sobą powiązane, a dobre geny fajnie jest oczywiście mieć, ale same geny niestety nie wystarczą.

3 *I tak wszyscy umrzemy*

Jesteśmy otoczeni informacjami o szkodliwości wszystkiego dookoła. Przeglądając Internet, okazuje się, że wszystko jest niezdrowe: warzywa zanieczyszczone, ryby skażone, mięso – dramat, mleko z antybiotykami, wody gruntowe skażone, a od sprawdzania jakości powietrza można zejść na zawał. Najlepiej nic nie jeść i w sumie też nie oddychać. Jednocześnie mamy: „przecież tu nie ma nic aż tak bardzo szkodliwego", „zawartość substancji nie przekracza norm", „żyje się raz", „nie zabieraj dziecku dzieciństwa", „oj tam, oj tam" oraz najlepszy argument, czyli „na coś trzeba umrzeć".

Temat dodatków spożywczych to oddzielna książka, następnym razem o tym prozmawiamy. Teraz tylko sygnalizuję, że „bezpieczny poziom" to nie jest to samo dla każdego. Inny poziom jest bezpieczny dla dorosłego, inny dla dziecka, inny dla kobiety w ciąży. O niektórych substancjach wiemy jeszcze za mało lub nie potrafimy połączyć kropek, np. dopiero od jakiegoś czasu na opakowaniach kolorowych produktów dla dzieci można przeczytać informacje o wpływie na zachowanie, np. „spożycie dodatków do żywności E102, E110, E122, E211, E104, E129 może wywołać nadpobudliwość".

Czasami ktoś robi wielkie halo z niczego, bo przecież świetnie klikają się teksty z czerwonymi napisami „UWAGA". Czasami autor sam nie wie, z czego by tu dziś zrobić aferę, bo nie rozumie problemu, np. glutaminiany. Są to sole kwasu glutaminowego, występującego w niemal każdym produkcie zawierającym białko. Szczególnie wysoką zawartością tych związków wyróżniają się sery dojrzewające, mięso, zielony groszek. Substancje o numerach E620–E625 (kwas glutaminowy i jego sole) mają szerokie zastosowanie jako wzmacniacze smaku i w sumie tu byłby koniec historii, ale pewna grupa osób może być nadwrażliwa na ich obecność w żywności. Ale nadwrażliwość nie pojawia u każdego konsumenta i raczej nie zachorujesz na raka po jednorazowym spożyciu.

Żywność oprócz dodatków spożywczych może zawierać szkodliwe substancje obcego pochodzenia. Mogą to być nie tylko zanieczyszczenia, ale także pozostałości substancji powstających w trakcie przyrządzania posiłków.

Temat pozostałości jest bardzo ciekawy, szczególnie ze względu na substancje stosowane w rolnictwie jako środki ochrony roślin, np. pestycydy. Pozostałości niektórych niezbyt udanych preparatów stosowanych kilkadziesiąt lat temu (pomimo wycofania ich z rynku) nadal możemy znaleźć w tym, co jemy, ze względu na trwałość stosowanych wtedy substancji chemicznych. W niektórych produktach można znaleźć wyższe dawki (np. truskawkach, winogronach czy sałacie), a w niektórych niższe (np. jabłkach, gruszkach, bananach, marchwi, ziemniakach, pomidorach), ale dużo zależy od użytej substancji. Do tego dochodzi zanieczyszczenie azotanami (zwłaszcza rukola, szpinak, sałata). Żywność pochodzenia zwierzęcego może być zanieczyszczona substancjami farmakologicznie czynnymi, metalami ciężkimi, węglowodanami aromatycznymi. Nie oszukujmy się – przygotowywanie i przetwórstwo żywności wiąże się z powstawaniem szkodliwych, a czasami wręcz rakotwórczych związków.

Niektóre zanieczyszczenia tego typu NIE są celowo dodawane do żywności, ich obecność wynika z zanieczyszczenia środowiska, prócz pestycydów np. gazami spalinowymi, substancjami pochodzącymi z opakowań (np. ogrzewania żywności w zamkniętych pojemnikach) itp. Nie bez znaczenia są też tony plastiku i innych niesegregowanych, porozwalanych byle gdzie odpadów. Ftalany i bisfenol A z tworzyw sztucznych, związki perfluorowane, polichlorowane bifenyle, polibromowane etery difenylów itp. Jak tak dalej pójdzie, utoniemy chyba w tych śmieciach, a jak nie my, to następne pokolenia.

Tak, dobrze przeczytałaś – młodsze pokolenia są jeszcze bardziej zagrożone. Przykładowo obserwuje się zależność między poziomem narażenia na pewne substancje a wiekiem badanych, np. młodzież i dzieci narażone są na wyższe spożycie akrylamidu (będzie o tym w następnych rozdziałach) niż dorośli ze względu na specyficzne nawyki żywieniowe (frytki, ciastka, czipsy). Obróbka cieplna sprzyja tworzeniu się związków mutagennych i rakotwórczych. 5-HMF (5-hydroksymetylofurfural) – podobnie jak akrylamid – jest prawdopodobnie związkiem rakotwórczym dla ludzi lub może być metabolizowany do związków potencjalnie rakotwórczych. Jest też uznanym wskaźnikiem obniżenia jakości żywności, świadczącym o jej nadmiernym ogrzewaniu, zbyt długim przechowywaniu lub zafałszowaniu (miody). Większe ilości HMF występują w słodzie, suszonych owocach oraz kawie palonej i rozpuszczalnej.

Chcesz wiedzieć więcej?

WWA (wielopierścieniowe węglowodory aromatyczne) obecne są wszędzie – w powietrzu, z wodą deszczową docierają na powierzchnię warzyw liściastych, w glebie mogą być absorbowane przez korzenie roślin. Powstają też podczas intensywnego podgrzewania i pieczenia, np. grillowania czy wędzenia żywności. Zawartość WWA w produktach grillowanych zależy od zawartości tłuszczu w mięsie, sprzętu i materiałów palnych używanych do grillowania. Jeśli możesz, grilluj mięso chude, umyte, używaj podstawek, tacek lub grilla elektrycznego. Jeśli masz tradycyjny, rozżarz węgiel, bo to dym zawiera najwięcej WWA. Dlatego produkty pieczone nad ogniskiem, wędzone w niekontrolowanych warunkach domowych mają nawet 200-krotnie więcej WWA niż te poddane innej obróbce termicznej.

WWA to nie wszystko, w kolejce do ataku czekają też m.in. (!) heterocykliczne aminy aromatyczne. Aby uniknąć ekspozycji na te i inne szkodliwe związki tego typu, zmniejsz spożycie mięsa, unikaj długotrwałej obróbki termicznej w wysokich temperaturach (powyżej 150°C), nie jedz przypalonego i nie używaj tłuszczu pochodzącego z przypalonego mięsa.

To jeszcze nie koniec. W mięsie przetworzonym i konserwowanym zawarte są m.in. azotyny, z których mogą powstawać rakotwórcze nitrozoaminy, a ryby pływają w „oceanie metylortęci" i innych ciekawych substancji. Ponadto codziennie oddychasz zanieczyszczonym powietrzem i pijesz zanieczyszczoną wodę, a co jakiś czas faszerujesz się dodatkową porcją przeróżnych związków chemicznych pod postacią leków i suplementów diety.

Na deser dorzucam „genialne wynalazki", np. tłuszcze trans. Producenci, ułatwiając sobie życie, postanowili utwardzać tłuszcze, w rezultacie podczas przejścia z konfiguracji cis do trans następuje zanik krzywizny w cząsteczce, tłuszcze stają się stabilne ze względu na bardziej zwartą budowę. Wszystko fajnie, tylko przy okazji spożywanie takich stuningowanych rarytasów ma szereg negatywnych konsekwencji zdrowotnych, bo tak się składa, że tłuszcze trans mają wpływ na funkcjonowanie wielu tkanek. Są odpowiedzialne m.in. za wzrost ryzyka chorób sercowo-naczyniowych oraz niektóre rodzaje nowotworów, sprzyjają powstawaniu zespołu metabolicznego, któremu towarzyszy otyłość, oporność na insulinę oraz cukrzyca typu 2.

Zatem jak żyć?

Cały czas prowadzone są badania i dyskusje na temat stosowanych substancji. Pamiętaj, że obecność środków ochrony roślin, dodatków do żywności, preparatów podawanych zwierzętom hodowlanym itd. mimo wad umożliwia ochronę żywności i zmniejsza straty. Jeśli preparaty te są stosowane prawidłowo, nie powinny stanowić zagrożenia. Problemem jest łączne działanie różnych substancji na organizm, a także brak umiejętności lub nieuczciwość producentów i użytkowników.

Ponieważ z wykształcenia jestem też chemikiem, mogę opowiadać o tym godzinami. Jest to naprawdę fascynujące, bo jak widzisz, wszędzie jest chemia! Organizm ludzki składa się z przeróżnych substancji chemicznych. Chemia nas otacza, jest naszym życiem, wszystko razem łączy się w jedną całość i tak było zawsze – od początku świata. Niektórzy myślą, że chemia zaczęła się kilkadziesiąt lat temu, ale to nieprawda. Już tysiące lat temu ludzie bardziej lub mniej świadomie stosowali przeróżne substancje chemiczne – z lepszym lub gorszym skutkiem. Obecnie ze względu na rozwój metod badawczych możemy stosować substancje chemiczne bardziej świadomie. Oczywiście nie wiemy jeszcze wszystkiego, ale wiemy na tyle dużo, żeby móc uchronić się przed skutkami pewnych działań. Rozwój technologii doprowadził nas do momentu, gdzie „coś za coś" funkcjonuje bardziej niż kiedykolwiek wcześniej. Chcesz mieć żywność w sklepie na zawołanie, chcesz mieć telefon, komputer, chcesz dojeżdżać do pracy w 40 minut, zamiast iść pieszo 3 godziny, chcesz jechać na wakacje 6 godzin, a nie 2 tygodnie, nie chcesz umierać na zapalenie płuc, nie chcesz umierać podczas porodu, chcesz, aby życiu twojego dziecka nie zagrażała zwykła biegunka, chcesz, aby twój pies przeżył operację, nie chcesz umierać z powodu wyrwania zęba.

Więc jeśli chcesz tego wszystkiego i przyzwyczaiłaś się do swojego wygodnego życia, musisz za to zapłacić.

Ceną jest życie w takim świecie, jaki sobie stworzyliśmy, bo chwilowo nie ma drugiego. Oczywiście można usiąść i płakać, że taplamy się w oceanie szkodliwych substancji, tylko co to da? Poza niepotrzebnym stresem, stratą czasu i energii – niewiele to zmieni, więc chyba szkoda czasu. Weźmy rzeczywistość na klatę i skupmy się na tym, co możemy zrobić, na realnych działaniach poprawiających komfort życia oraz otaczające nas środowisko.

A teraz przypomnij sobie,
o czym mówiłam kilka stron wcześniej:
nie martw się rzeczami, na które nie masz wpływu.
Zmień to, co możesz, na tyle, na ile możesz.

To, co możesz robić codziennie, dbając o środowisko wokół siebie, to przykładowo segregacja śmieci, rezygnacja z jednorazowych plastikowych opakowań, słomek. Przywiązuj wagę do tego, co spożywasz oraz częściej wybieraj produkty pochodzenia roślinnego zamiast mięsa.

Pamiętaj, że to TY masz wpływ na rynek produktów spożywczych, to TY kreujesz popyt. Jeśli będziesz kupować byle co, na rynku będzie więcej bylejakości. Jeśli postawisz na wartościowe produkty nieprzetworzone, to one będą za kilka lat dominowały na półkach sklepowych. Wydaje ci się, że nie masz wpływu na otaczający świat? To nieprawda. Wszyscy mamy wpływ i wszyscy możemy coś zrobić. To właśnie nasze prawo wyboru jest największą siłą i tylko my razem, poprzez przywiązywanie wagi do jakości i co za tym idzie – świadomy wybór, możemy kształtować rynek.

Zajmijmy stanowisko w sprawie żywności dla dzieci, w sprawie ton cukru sprytnie poukrywanych pod płaszczykami „prozdrowotności". Skorzystajmy z tej możliwości, pokażmy producentom, że nie jesteśmy wtórnymi analfabetami, którym można bez problemu wcisnąć byle co w kolorowym papierku. Oczywiście – wszyscy umrzemy, ale nie musimy umierać przedwcześnie z powodu cukrzycy, nowotworów dietozależnych czy powikłań związanych z otyłością. •

4 *Co ty tam, dziewczynko, suplementujesz po cichu?*

Wiem, że zastanawiasz się, dlaczego piszę słowo o suplementach, może myślisz, że przecież to troszkę nie w temacie. Nic bardziej mylnego!

Suplementy to NIE leki

Szczególnie zalewa mnie krew, gdy widzę żelki na cokolwiek – dla dzieci. Zresztą te dla dorosłych też mnie denerwują. Nie do końca rozumiem ideę dodatkowej porcji cukru CODZIENNIE w imię czegokolwiek. Zwłaszcza dla dzieci. A tłuszcz utwardzony w gumach rozpuszczalnych z witaminkami doprowadza mnie do szewskiej pasji. Nie wiem, czy ten suplement jest jeszcze na rynku, ale był taki produkt, gdzie zalecano dawkowanie sześć sztuk DZIENNIE. Kto to wymyśla?!

Kupując syntetyk, pamiętaj, że w przypadku wszystkich substancji, które wprowadzasz do organizmu, dość istotnym parametrem jest **biodostępność**, a nie tylko „najwyższa dawka". To trochę jak z tym żelazem – inaczej wygląda temat dostępu do żelaza z surowców roślinnych, a inaczej z odzwierzęcych, i choćbyś bardzo chciała, żadne pieniądze tego nie zmienią. Dodatkowo pamiętaj, że jest coś takiego jak interakcja z lekami – zawsze poinformuj swojego lekarza, że „coś bierzesz".

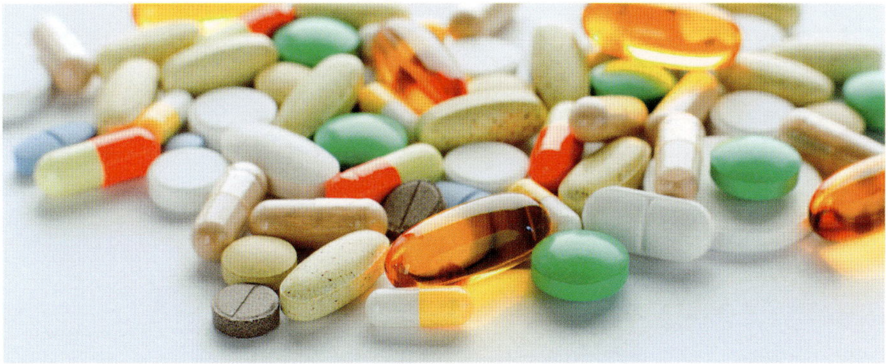

Oczywiście nie wrzucajmy wszystkich suplementów do jednego worka, przecież są produkty lepszej i gorszej jakości, ale zawsze pamiętaj, że jest to tak jak **z jedzeniem.** Możesz kupić kanapkę lepszej i gorszej jakości, ale nikt nie będzie łaził z lupą za każdą kanapką wprowadzaną do sprzedaży i sprawdzał, czy na pewno jest tam masło, czy może jednak margaryna.

Koniecznie o tym pamiętaj, zwłaszcza gdy do głowy wpadnie ci pomysł, aby kupić jakieś niesamowicie magicznie działające suple – jak się je popularnie określa – za miliony monet.

Kto powinien jeść suplementy?

Niektóre osoby powinny rozważyć suplementację:

- **gdy istnieje** u nich wskazanie do diety poniżej 1600 kcal dziennie,
- **sportowcy**,
- **pracownicy** wykonujący ciężką pracę fizyczną,
- **kobiety** w ciąży,
- **ludzie** starsi,
- **osoby** cierpiące na określone choroby,
- **pacjenci** przyjmujący niektóre leki, np. antybiotyki i inne, m.in. zmniejszające biodostępność witamin,
- **weganie**,
- **osoby** uzależnione od alkoholu,
- **kobiety** po menopauzie.

Jeśli należysz do którejś z tych grup, pogadaj z wykształconym w tym kierunku lekarzem lub wykwalifikowanym dietetykiem o suplementacji, być może jest konieczna. Z lekarzem czy dietetykiem, nie z koleżanką, panią ze sklepu z odżywkami dla sportowców, panem trenerem czy kimkolwiek bez wykształcenia medyczno-farmaceutycznego.

Jak żyć?

Jeśli sięgasz po suple, koniecznie zwróć uwagę na kilka istotnych kwestii. Nie ma możliwości, żebym poruszyła wszystkie zagadnienia związane z tematem suplementacji, wrzucam jedynie kilka przykładowych uwag.

Witamina A

- **Wchłanianiu** sprzyja tłuszcz.
- **Z przewodu** pokarmowego dostajesz jakiś 80% dawki.
- **Istnieje** opcja utrudnionej absorpcji przy niskiej jakości białek w diecie, np. niedobór aminokwasów egzogennych (bo w konsekwencji masz za mało białka transportującego retinol).
- **Karotenoidy** wchłaniają się w mniejszym stopniu, w ok. 30%, ale za to mają większy potencjał antyoksydacyjny, zwłaszcza beta-karoten (np. działanie przeciwnowotworowe).

Jak nie suplementy, to co?

Witaminę A znajdziesz m.in. w wątróbce, marchewce (10 x mniej), mięsie, serach, jajach, morelach suszonych, jarmużu, maśle, papryce.

Beta-karotenu szukaj m.in. w marchewce, morelach suszonych, jarmużu, dyni, papryce.

UWAGA!

Jeśli najesz się za dużo retinolu, część zwiąże się z białkami, ale reszta już NIE i może wykazywać **działanie toksyczne!** Dlatego tak ważne jest świadome kupowanie i spożywanie produktów spożywczych i suplementów!

Jeśli jesteś w ciąży, za wysoka dawka witaminy A może działać teratogennie! Dlatego sprawdzaj składy suplementów i nie stosuj większych dawek niż zalecane. Przy okazji nie martw się o spożycie warzyw i owoców – nadmierna podaż karotenoidów nie wykazuje negatywnych skutków.

Zbyt wysokie dawki spożywane za długo (>2000 mikrogramów/dobę) mogą spowodować zmniejszenie gęstości kości.

Witamina D

- **Tu też** konieczny jest tłuszcz.
- **Fotochemiczne** przekształcenie w organizmie zależy od wieku (na starość spada).
- **Promieniowanie** UV emitowane przez solaria powoduje rozpad witaminy D.
- **Poziom** witaminy D jest trochę jak wskaźnik ogólnego stanu zdrowia, ponieważ rzutuje na działanie układu odpornościowego i nie tylko.

Jak nie suplementy, to co?

Witamina D znajduje się przede wszystkim w rybach, żółtku jaja (10 x mniej), maśle, serze, jogurcie (1000 x mniej niż w rybach).

Witamina E

Słusznie nazywana witaminą młodości, jest popularnym antyoksydantem. Ma szerokie działanie i na szczęście całkiem łatwo dostarczyć ją, jeśli nie wyeliminowałaś ze swojej diety tłuszczu. Ponadto trudno ją przedawkować, bo organizm jest wyposażony w specjalne mechanizmy obronne.

Witamina C

- **Totalnie** wszechstronne działanie.
- **Chętnie** wykorzystywana w przemyśle ze względu na silne właściwości antyoksydacyjne.

UWAGA!

Od pewnego czasu panuje moda na megadawki witaminy C, które rzekomo mają nas uchronić przed całym złem tego świata. Wszystko fajnie, ale pamiętaj, że nieuzasadnione przyjmowanie takich ilości może spowodować wzrost ryzyka występowania kamieni nerkowych. Przy normalnej podaży 30–50% substratu jest przekształcane w kwas szczawiowy, przy nadmiernej i niekontrolowanej suplementacji - zwłaszcza u osób narażonych na kamicę - wzrasta ryzyko powstawania kamieni ze szczawianu wapnia. Ponadto narażasz się na zaburzenia ze strony przewodu pokarmowego oraz działanie prooksydacyjne, zwłaszcza w obecności metali ciężkich. Jeśli lekarz nie zalecił ci stosowania takich dawek, zastanów się, czy gra warta jest świeczki.

Jak nie suplementy, to co?

Witamina C występuje powszechnie. Duże dawki są m.in. w czarnych porzeczkach, natce pietruszki, jarmużu, czerwonej papryce.

Niacyna

Przyjmowanie wysokich dawek może mieć niekorzystne efekty uboczne, np. wpływać na indukowanie insulinooporności, interakcje ze statynami i innymi lekami.

Witamina B_{12}

- **Jedyna** witamina, której synteza nie zachodzi w organizmach wyższych.
- **Jest arcyważna**: uczestniczy w tworzeniu DNA, ma wpływ na wytwarzanie erytrocytów, hemoglobiny, bierze udział w funkcjonowaniu układu nerwowego.
- **Zawarta** w produktach pochodzenia zwierzęcego.
- **Weganie**, osoby mające problemy z przewodem pokarmowym oraz pacjenci po kuracji niektórymi lekami (zapytaj swojego lekarza) powinni pomyśleć o suplementacji.

- **Bardzo** poważne są konsekwencje niedoborów tej witaminy, zwłaszcza u dzieci, kobiet ciężarnych i karmiących.

Foliany

- **Niski** poziom folianów to najczęściej spotykane przyczyny awitaminozy.
- **Niedobory** mogą wynikać z występowania niektórych chorób i przyjmowania niektórych leków, np. tabletek antykoncepcyjnych.
- **Bardzo** poważne objawy niedoboru dotykają zwłaszcza kobiet ciężarnych.
- **Należy** włączyć suplementację również u kobiet planujących ciążę.

Pomyśl, zanim kupisz

W Internecie i aptekach znajdziesz mnóstwo preparatów o cudownych, niemal magicznych właściwościach. Codziennie dostaję maile od „Ewy", która „zrzuciła 17 kg zaledwie w 3 tygodnie".

Wydaje się to niewiarygodne, ale ludzie nadal wierzą w takie rzeczy i NADAL kupują tony (!) często bezwartościowych produktów, które nie działają z przyczyny w miarę OCZYWISTEJ. Organizm ludzki to nie „słit focia" do obróbki! Nasze ciało nie jest zdjęciem, które wrzucisz w program komputerowy, gdzie masz filtry i inne narzędzia pompujące lub przycinające to, co trzeba. Choćbyś nie wiem ile zatrzymała wody, biust nie urośnie (po ośmiu tygodniach brania tabletek) z rozmiaru A do C. Penis nie wydłuży się o 4 cm, nie schudniesz 17 kg, łykając garść kapsułek dziennie, BO TO TAK NIE DZIAŁA. Nie sugeruj się też pisanymi często przez fikcyjnych pacjentów tekstami w stylu „mnie pomogło", „na mnie działa". No fajnie, ale co w związku z tym?

Ani tony cukru w żelkach czy herbatkach granulowanych, ani super ekstra specyfiki, ani turbozestawy witamin, ani sproszkowane koktajle na wspomaganiu **nigdy nie zastąpią** zdrowego odżywiania, aktywności sportowej i odpowiedniej ilości snu. Ani operacji plastycznych. Niestety.

5 *Najczęstsze błędy, jakie popełniamy podczas robienia zakupów*

Celowo napisałam „popełniamy", ponieważ mnie również zdarza się je nadal popełniać mimo całej wiedzy, którą posiadam. Nie ma nic złego w popełnianiu błędów – nawet gdy jesteśmy już świadomymi konsumentami – jeśli potrafimy wyciągać z nich wnioski. Zatem czego unikać?

1. Jesteś na głodzie

Największym, najgorszym i najgłupszym błędem, jaki robimy podczas robienia zakupów, jest wchodzenie do sklepu głodnym. Bardzo świadomy konsument również może wpaść w tę banalną pułapkę. Nawet gdy zdajesz sobie sprawę z tego, że nie wszystkie produkty na półce ze zdrową żywnością są dobre, wpadając do sklepu na głodzie, jest większe prawdopodobieństwo, że kupisz byle co, bo twój mózg będzie próbował znaleźć całkiem poprawnie wyglądające uzasadnienie dla kupienia jakiegoś przypadkowego, atrakcyjnie wyglądającego produktu. Zatem przygotuj się na bardzo legitnie brzmiące myśli w stylu „spalę w siłowni", „przecież raz na jakiś czas mogę", „oj tam, oj tam", „to wcale nie ma najgorszego składu", „naprawdę nie mam dziś czasu". Problem w tym, że to bzdury i nie usłyszysz tego wszystkiego, idąc na zakupy najedzona.

Bardzo rzadko zdarza mi się wchodzić do sklepu spożywczego z pustym żołądkiem, ale jak już to się zdarza - mam ochotę włożyć do koszyka absolutnie wszystko i przyznam szczerze, że dużo łaskawszym okiem patrzę na skład niektórych produktów, co jest najczęstszym błędem.

2. Nie rozglądasz się

Nie wiem, czy wiesz, ale określenie „produkty z wyższej i niższej półki" nie wzięło się znikąd. Gdy następnym razem będziesz w sklepie, zwróć uwagę na to, że najtańsze produkty z danego działu leżą zwykle na samym dole regału, a te droższe są na wysokości wzroku. Warto się rozglądać, bo...

3. Droższe nie znaczy lepsze

Niestety smutna prawda jest taka, że proste, zdrowe produkty są dość tanie, bo nie ma tu długiej listy osób, którym trzeba zapłacić za wypromowanie takiej np. zwykłej, nudnej kaszy jaglanej. A skoro kaszy jaglanej nie ma w telewizji, to przecież nie istnieje w sklepach, bo kupujesz tylko to, co podstawi pod nos ulubiona influencerka, opłacona przez speca od marketingu nowych płatków śniadaniowych w kształcie, nie wiem, piramidy Cheopsa.

4. Bo było w promocji

Taka radość, gdy upolujesz 3 w cenie 2! I nieważne, że zupełnie nie potrzebujesz tych 3 ton cukru w cenie 2. Ważne, że ZAOSZCZĘDZIŁAŚ. Ale co tak naprawdę zaoszczędziłaś? Dwa złote...? W imię „torpedy" skierowanej w trzustkę? W imię dodatkowego tłuszczu w biodrach? Warto?

5. Odkroję i będzie okej

Nie będzie. Jeśli kupujesz spleśniałe owoce i warzywa, bo taniej, zawsze pamiętaj, że jest to klasyczny lewy sierpowy, np. w wątrobę, bo to ona za chwilę będzie musiała przerabiać te niepotrzebne substancje, które ŚWIADOMIE dostarczasz do organizmu. Tak, one są w CAŁYM produkcie. Po co ci to?

6. Nie mam listy, ale coś wymyślę

Odważnie. Jeśli masz mniej więcej opanowaną sztukę robienia czegoś z niczego, nie ma sprawy. Wierzę, że na podstawie chwilowego nastroju jesteś w stanie wymyślić całkiem fajne i zdrowe danie. Jeśli dopiero raczkujesz w temacie, może skończyć się na mrożonej pseudopizzy na tłustym pseudocieście z tekturową pseudoszynką.

7. Ale przecież to jest BIO/glutenfree/vegan!

Nie nabieraj się na kolejną często bezmyślną modę i dobry PR.

To są określenia dotyczące jedynie **braku określonych substancji** w składzie. Takie sformułowanie nie mówi ABSOLUTNIE NIC o tym, czy produkt jest zdrowy, czy nie. Więcej w tym temacie znajdziesz w rozdziale poświęconym tzw. zdrowej żywności.

8. Spokojnie, to produkt DLA DZIECI

Jeśli miałabym usunąć jakąkolwiek grupę produktów z półek sklepowych, to na pierwszy ogień poleciałyby właśnie produkty dla dzieci. Wszystkie te kolorowe napoje z toną cukru, dla sportowców z konsolą w ręku, płateczki „przecież z pełnym ziarnem" z toną syropów cukrowych, pseudozdrowe słodycze, kabanosiki i inne cuda w pięknych opakowaniach z uśmiechniętymi postaciami z bajek.

9. *No problem*, mam swoją listę zakupów w głowie. Zawsze taką samą

I co na niej jest?

- **Nieśmiertelny** „bo muszę" chleb pszenny tostowy.
- **„Mielona tektura"** z dodatkiem mięsa, szumnie nazywana przez producenta „szynką".

- **„Bo nie mam czasu”** margaryna lub ser topiony.
- **„Jem przecież warzywa”** pomidor.
- **Jakieś** „przecież musi być” mięso na obiad.
- **„Bez nich nic nie smakuje”** kostki rosołowe.
- **„Zawsze na obiad”** ziemniaki.
- **„Lubię czasem zjeść”** wafelki.
- **„Bo coś pić trzeba”** oranżada.
- **„To tylko do filmu”** paluszki.
- **„To moja słabość”** czekoladowe płatki śniadaniowe.

Aha

Jeśli twoja lista zakupów od lat wygląda tak samo, spróbuj raz na jakiś czas wyjść poza schemat, ale nie wszystko naraz. Kup czasem makaron pełnoziarnisty, natkę pietruszki do zupy, dobre müsli, zwykły chleb żytni. W następnych rozdziałach znajdziesz więcej inspiracji.

10. Bo on tak ładnie prosił

Ten batonik.

Przy kasie.

Leżał przy kasie, ty czekałaś w kolejce i on cię tak ładnie poprosił.

A jarmuż cię przypadkiem nie prosił, jak szłaś koło działu warzywnego? A kapusta kiszona?

Spokojnie i na to jest rada. Rzuć okiem na następny rozdział.

6 *Jak żyć? Dekalog Świadomego Konsumenta*

1. Nie wchodź do sklepu spożywczego **głodna**. Zabrzmi to banalnie, ale prawda jest taka, że garść orzechów lub migdałów zjedzona PRZED może bardzo pomóc podczas robienia zakupów. Gdy zaspokoimy pierwszy głód, możemy skupić się na świadomym wybieraniu produktów w sklepie zamiast na myśleniu o tym, na co mamy ochotę, co byśmy zjedli najlepiej już w sklepie i jaka będzie pierwsza rzecz, którą otworzymy po powrocie do domu.

2. Zawsze miej przy sobie **listę** zakupów. Nie tę z poprzednich stron. Na końcu książki znajdziesz minisciągi.

3. **Porównuj produkty**, nie zwracając uwagi na cenę i napisy z przodu opakowania – liczą się skład i tabela wartości odżywczych. Pamiętaj, że brak symbolu „E" nie oznacza, że produkt jest zdrowy czy ma prosty skład. Producenci już dawno skumali, że lepiej napisać pełną nazwę, zamiast dawać brzydko wyglądające, bezosobowe cyferki.

4. Zawsze **pytaj o skład**, jeśli nie jest łatwo dostępny, nie zwracając uwagi na wywracającą oczami sprzedawczynię. Niech ona nadal wywraca oczami i komentuje, a ty spokojnie rób swoje, ostentacyjnie ignorując jej święte oburzenie, że jak to, chcesz wiedzieć, co jesz.

5. Nie ulegaj **presji otoczenia** – komentarze o tym, że przesadzasz, przecież to tylko jedna czekolada, ludzie zawsze jedli i żyją itp., zbywaj drwiącym uśmiechem i charakterystyczną miną, sugerującą

znajomość niesamowitych tajemnic, do których rozmówca nie ma niestety dostępu. Ale jakby chciał, to ewentualnie możesz się tą wiedzą kiedyś podzielić. W mroźny, zimowy wieczór, przy kominku i dobrej herbacie.

6. Gdy w koszyku wyląduje niezdrowy produkt, **zastanów się**, dlaczego TAK NAPRAWDĘ chcesz go kupić. Jeśli motywacją jest smutek, strach, promocja w stylu „3 tony cukru w cenie 2", zmęczenie lub chęć nagrodzenia się za trudy życia, zaśmiej się z siebie, wywalając ostentacyjnie nadprogramowe śmieci, lub poszukaj lepszej alternatywy, jeśli nie masz aktualnie siły walczyć z pobudkami.

7. Jeśli po powrocie do domu okaże się, że jednak kupiłaś te czipsy, **nie rozpamiętuj** tego, nie katuj się wyrzutami sumienia. Zjedz, może uda się zjeść mniej niż zwykle, i zapomnij o problemie. Następnym razem trenuj siłę woli i albo nie kupuj, albo zjedz połowę niezbyt udanego produktu. Drugą zamroź, wywal lub oddaj komuś – natychmiast. Nie trać czasu i energii na eliminowanie dysonansu pozakupowego.

8. Nigdy nie kupuj słodyczy i innego śmieciowego jedzenia **na zapas**. Nawet jeśli drugi produkt jest za grosz lub za darmo.

9. Stojąc w kolejce przy kasie, **skup się** na czymś innym niż miniaturowe opakowanka cukru z tłuszczem „na raz" pod pieszczotliwie brzmiącą nazwą „batonik", „ciasteczko" itp.

10. Jeśli nie masz czasu – kupuj produkty **multipotencjalne** typu kasza, płatki, orzechy, napój roślinny, soczewica na zapas lub rób zakupy **online**. Tu jeszcze łatwiej sprawdzić i porównać skład. Zapisz listę ulubionych produktów na stronie sklepu i następnym razem kliknij tylko „ponów zamówienie", wprowadzając jedynie niezbędne modyfikacje.

Część szczegółowa

1 *Warzywa i owoce dla opornych*

Idąc do sklepu, oczekujesz pełnego asortymentu, w dowolnym dniu, o dowolnej godzinie i dowolnej porze roku, prawda...? A co byś zrobiła, gdyby pani ekspedientka powiedziała „przepraszam, nie mam marchwi, bo było za mało słońca" albo „zbiory zaatakowały szkodniki, proszę kupić mrożoną z zeszłego roku", „niestety, w tym roku nie ma truskawek, bo rośliny dopadła choroba"? Chcesz mieć ciastko i zjeść ciastko?

Jeśli masz możliwość wyprowadzki w okolice dziewiczo czystej przyrody, czas na zabawę z uprawianiem warzyw i owoców – wspaniale. Daj znać, któregoś dnia wpadnę na zakupy.

Jeśli masz możliwość kupowania surowców na biobazarach – przestań węszyć wszędzie „spisek" i korzystaj z dobrodziejstwa, ciesz się bogactwem smaku świeżych produktów.

A jeśli nie masz możliwości (czasoprzestrzenno-finansowych) zakupu surowców organicznych, idź dziś lub jutro do sklepu, który masz najbliżej domu i wypełnij koszyk ulubionymi warzywami oraz dodaj kilka takich, których jeszcze nigdy nie jadłaś.

Słuchając chwytliwych bajeczek o tym, że obecnie warzywa i owoce są bezwartościowe, więc nie warto kupować (a najlepiej łykać suple), o tym, że kiedyś było lepiej, bardziej kolorowo, pachnąco – miej zawsze gdzieś z tyłu głowy to, że każda epoka ma swoje problemy, rozwiązania i ich konsekwencje. Prawdą jest, że warzywa uprawiane w pomieszczeniach mają z reguły wyższą jakość, ale mniejszą wartość biologiczną niż te same gatunki uprawiane na polu. Jest wiele przyczyn – gorsze warunki świetlne, bardzo szybki wzrost itp. Takie warunki mogą być przyczyną gromadzenia się dużej ilości azotanów, np. w sałacie, rzodkiewce, kapuście, kalarepie, ale jednocześnie zawartość innych substancji niekorzystnych jest mniejsza, np. ze względu na ograniczenie zanieczyszczenia powietrza warzywa zawierają mniej ołowiu, pestycydów itd.

Poza tym pamiętaj, że zapotrzebowanie na witaminy nie jest liczone w gramach na dobę. Tak naprawdę jest stosunkowo niewielkie, organizm potrafi bowiem gromadzić niektóre substancje, jednak codzienna podaż warzyw i owoców jest konieczna, ponieważ niektórych substancji nie da się kumulować – muszą być dostarczane codziennie.

Bez wyraźnych wskazań medycznych nie ma absolutnie żadnego powodu, dla którego musiałabyś rezygnować ze świeżych warzyw czy owoców.

Naturalnie możemy podyskutować o globalnych problemach związanych z żywnością – ochronie warzyw przed szkodnikami, zapobieganiu stratom spowodowanym zmianami klimatycznymi, jakości gleby i stale rosnącej populacji itd. Tylko czy to wpłynie na poziom witamin oraz składników mineralnych w twoim organizmie? No właśnie. A już zjedzenie takiej sałatki z łyżką dobrego oleju albo leczo posypanego obficie świeżą natką – tak. Przejdźmy więc do rzeczy

- **Po co je jemy:** bo potrzebujemy witamin, składników mineralnych, błonnika.
- **Czy można nie jeść:** raczej średnio.
- **Ile jeść:** minimum 5 porcji dziennie – głównie warzyw. Warto wyrobić w sobie nawyk jedzenia warzyw podczas każdego posiłku.

Na co uważać: na pleśń, konserwowane cytrusy, brak nawyku mycia WSZYSTKICH owoców i warzyw przed spożyciem.

Czego się nie bać: nawozów i środków ochrony roślin. Wiem, że to brzmi dziwnie, bo nie jestem zwolennikiem „chemii" w żywności. Ale prawda jest taka, że nie wszyscy mieszkamy na ekologicznych terenach nieskażonych różnymi substancjami w glebie, wodzie, powietrzu i trzeba się z tym niestety pogodzić. Jeśli masz dostęp do ekologicznych produktów – super! Korzystaj. Ale omijanie warzyw i owoców, „bo są zanieczyszczone", to duży błąd. Idąc tym torem, zrezygnuj też z pozostałych produktów, wody oraz oddychania powietrzem w mieście, bo realnie rzecz biorąc – wszystko jest zanieczyszczone.

Kilka uwag

Owoce i warzywa są głównym źródłem witaminy C oraz prekursora witaminy A, jakim jest beta-karoten, oraz niektórych innych karotenoidów. Wiele warzyw i niektóre owoce są dobrym źródłem kwasu foliowego, niacyny, witaminy E i K. Nie ma w nich natomiast witaminy B_{12} i D. W wielu przypadkach różnice w poziomie witamin mogą być nawet ponad 100-krotne między poszczególnymi surowcami.

Z warzyw szczególnie bogate w witaminy są jarmuż, kapusta brukselska i szpinak. Istotnym całorocznym źródłem witaminy C jest też kapusta kiszona, z kolei marchew jest bogatym źródłem beta-karotenu.

Różnice w zawartości **cukru** między poszczególnymi owocami bywają znaczne. Najwięcej cukru zawierają winogrona, banany oraz czereśnie, najmniej – jeżyny, maliny, truskawki i grejpfruty. W owocach jagodowych zawartość glukozy i fruktozy jest na podobnym poziomie – do 5%. W owocach ziarnkowych, np. jabłku i gruszce, przeważa fruktoza. W owocach pestkowych i cytrusach znajduje się 5–6% sacharozy. Pamiętaj, że cukry proste bardzo rzadko występują w przyrodzie w postaci wolnej – w przeciwieństwie do żywności przetworzonej.

- **Warzywa** zawierają mniej glukozy czy fruktozy, np. w marchwi znajdziesz ok. 6%, w kapuście, cebuli – ok. 4,5%, w innych warzywach jest jeszcze mniej – ok. 2,5%. Dla porównania w czereśniach cukier stanowi 15% masy. Zawartość sacharozy w świeżo wykopanych burakach wynosi 16–20%, ale maleje w czasie przechowywania.
- **Skrobia** jest jednym z podstawowych źródeł energii, występuje głównie w warzywach, w niewielkich ilościach również w owocach. W czasie dojrzewania i przechowywania jest ona przekształcana do dekstryn, następnie maltozy i ostatecznie otrzymujemy glukozę.
- **Błonnik** to substancje pochodzenia roślinnego, które nie ulegają strawieniu w przewodzie pokarmowym człowieka ze względu na brak odpowiednich enzymów. Są dwa rodzaje błonnika: rozpuszczalny i nierozpuszczalny w wodzie. Rozpuszczalny to głównie pektyny, niestrawialne oligosacharydy, np. inulina, gumy. Nierozpuszczalny to składniki ścian komórkowych, np. celuloza, hemicelulozy. Błonnik jest zawarty tylko w pokarmach roślinnych, w tym w dużych ilościach w owocach, warzywach i ziarnach zbóż.

Dlaczego powinnaś jeść błonnik? Ponieważ poza tym, że wywołuje uczucie sytości i pomaga usuwać z organizmu substancje szkodliwe, stanowi też pokarm dla pożytecznej mikroflory, której obecność przeciwdziała rozwojowi mikroflory chorobotwórczej. Ponadto błonnik obniża wchłanianie cholesterolu i opóźnia hydrolizę węglowodanów, które ulegają trawieniu, co ma szczególne znaczenie dla osób otyłych, a także chorych na cukrzycę! Do błonnika jeszcze wrócę, bo to ciekawy i ważny temat.

- **Pektyny** to polisacharydy – mogą być rozpuszczalne lub nierozpuszczalne w wodzie. W czasie dojrzewania i przechowywania owoców związki te ulegają przemianom, np. spada zawartość pektyn rozpuszczalnych w wodzie. Przykładowo miąższ jabłek staje się mączysty. Owoce we wczesnym stadium dojrzałości zawierają zwykle znaczną ilość substancji pektynowych, które ulegają rozkładowi w miarę dojrzewania owoców.

Zawartość składników mineralnych w surowcach owocowych i warzywnych jest bardzo zróżnicowana, w zależności od cech genetycznych roślin, czyli gatunku, odmiany, warunków środowiska, np. klimatu, zasobności gleby, technologii uprawy, np. nawożenia, nawadniania oraz stopnia dojrzałości. Technologia przerobu również może mieć duży wpływ na zawartość składników mineralnych w gotowym produkcie. Przykładowo przy blanszowaniu występują znaczne straty związków rozpuszczalnych w wodzie – dotyczy to szczególnie surowców o rozwiniętej powierzchni, np. szpinaku. Z kolei podczas produkcji soków występują duże straty innych substancji, które pozostają w wytłokach.

W związku z nierównomierną dystrybucją składników mineralnych w owocach i warzywach wskutek obróbki, proporcje składników w produkcie w stosunku do surowców mogą ulec zmianie. Ale zdarza się też, że może nastąpić wzrost zawartości niektórych składników, np. po obróbce termicznej wzrasta biodostępność karotenoidów. Przetwory z marchwi czy pomidorów (np. sos) mogą więc być bardziej wartościowe pod tym kątem niż warzywa surowe.

Do witamin łatwo ulegających utlenianiu należą kwas askorbinowy, tiamina i biotyna. Termostabilną, odporną na tlen witaminą jest ryboflawina, która jednak szybko ulega degradacji w obecności światła. Światło sprzyja również degradacji innych witamin, np. kwasu askorbinowego, kwasu foliowego, beta-karotenu (dlatego świeżo zrobione soki trzeba przelewać do butelek z ciemnego szkła). Najmniej trwała jest witamina C, która ulega rozpadowi podczas przechowywania oraz przetwarzania. Straty mogą nastąpić już w trakcie transportu, a nawet krótkiego przechowywania surowców, dlatego niezłym wyjściem ograniczenia procesów fizjologicznych jest np. obniżenie temperatury produktu. Duże straty witamin i innych składników mogą wystąpić w czasie obierania surowców, ponieważ zewnętrzne warstwy owoców i warzyw są zwykle bogatsze w wartościowe składniki. Niekorzystnie działa też blanszowanie w wodzie (korzystniejsze jest blanszowanie parowe).

Owoce i warzywa są cennym źródłem nie tylko witamin, składników mineralnych i błonnika, ale także substancji czynnych, m.in. polifenoli. Najwyższą wartością cechują się surowce świeże, nieprzetworzone, natomiast wśród produktów przetwórstwa owocowo-warzywnego na szczególną uwagę zasługują owoce i warzywa mrożone, o nieznacznie zmienionej w stosunku do surowca wartości odżywczej. Cennym składnikiem diety są też przetwory fermentowane (np. kiszona kapusta, buraki, ogórki).

Z punktu widzenia jakości produktów wysoka temperatura i krótki czas obróbki termicznej są korzystniejsze niż długi czas i nieco niższa temperatura.

W niektórych warzywach występują **substancje antyodżywcze**, np. tomatyna w niedojrzałych pomidorach, solanina w ziemniakach. Substancje te tworzą się najczęściej w surowcach nieodpowiedniej jakości, np. pomidorach z zielonymi piętkami, kiełkujących lub zazielenionych ziemniakach. Niekorzystne są też substancje gazotwórcze w nasionach roślin strączkowych oraz kwas cyjanowodorowy i jego sole występujące w niewielkich ilościach w nasionach owoców ziarnkowych i pestkowych.

Spożywanie warzyw i owoców wpływa na **gospodarkę kwasowo-zasadową** organizmu. Pierwiastki zasadotwórcze z surowców roślinnych (potas, wapń) regulują równowagę i neutralizują kwasy powstałe w wyniku spożywania pokarmów mięsnych, zbożowych lub słodyczy. Smak nie ma wpływu na gospodarkę – nie ma związku między kwasowością a zdolnością odkwaszającą, np. cytryny mają zdolności regulujące, ponieważ to duża zawartość soli organicznych ma tu wpływ decydujący, nie smak.

Wszystko, co jesz, ma wpływ na poziom glukozy we krwi. Obecność kwasów i tłuszczu utrudnia hydrolizę skrobi i absorpcję glukozy. **Indeks glikemiczny** określa, z jaką szybkością i w jakim stopniu wzrasta zawartość glukozy we krwi po spożyciu posiłku. **Ładunek glikemiczny** klasyfikuje produkty spożywcze, uwzględniając nie tylko wpływ węglowodanów na chwilowy poziom cukru we krwi, ale też ich ilość w pożywieniu.

Świeże owoce i warzywa zalicza się do produktów niskoglikemicznych (IG <55), natomiast niesłodzone soki owocowe zaliczamy do produktów nisko- lub średnioglikemicznych (IG = 56–70). Słodzone napoje, soki i nektary owocowe to produkty wysokoglikemiczne (IG >70). Różnica między świeżymi owocami a sokami jest spowodowana zwiększeniem dostępności węglowodanów na skutek rozdrobnienia surowców i zmniejszeniem ilości błonnika.

***PS** Pamiętaj, że częste spożywanie przetworzonych produktów o wysokim wskaźniku i ładunku glikemicznym (np. słodzonych napojów z dodatkiem soku) może zwiększać ryzyko występowania m.in. cukrzycy typu II oraz chorób serca.*

Rośliny mogą być źródłem **białka**, naprawdę. Zamiast ładować non stop białko zwierzęce, pomyśl o zastąpieniu mięsa produktami pochodzenia roślinnego. Szczególnie ważne jest spożywanie białka roślinnego, np. w postaci roślin strączkowych i produktów zbożowych, które oprócz białka dostarczają też błonnika i mikroskładników.

Zawartość azotanów (V) i azotanów (III – zwanych azoTYNami) w owocach nie powinna stwarzać zagrożenia dla ludzkiego organizmu, wyjątek mogą (nie muszą!) stanowić banany, które potrafią akumulować nawet powyżej 2000 mg KNO_3/kg. Warzywa mogą kumulować duże ilości azotanów (V), zwłaszcza warzywa korzeniowe, takie jak buraki, marchew oraz warzywa liściaste, np. sałata, szpinak, a także kapustne, które zwykle są intensywnie nawożone nawozami azotowymi. Na ogół niewiele azotanów zawierają pomidory, papryka, cebula, ziemniaki. W zależności od warunków i czasu przechowywania warzyw stwierdza się spadek zawartości azotanów (V) i gromadzenie się azotanów (III).

Zawartość metali ciężkich w polskich owocach i warzywach oraz przetworach zwykle nie przekracza maksymalnych dopuszczalnych ilości. Pierwiastkami stanowiącymi największe zagrożenie zanieczyszczenia owoców i warzyw metalami ciężkimi są kadm i ołów. Owoce jagodowe z reguły zawierają większe ilości metali ciężkich niż owoce ziarnkowe. Wiąże się to z ich naturalną zdolnością do gromadzenia pierwiastków metalicznych, duży wpływ ma również środowisko, np. odczyn gleby.

Pozostałości środków ochrony roślin, w tym insektycydów, fungicydów i herbicydów, stanowią potencjalne zagrożenie zdrowia ludzi. Do oznaczenia pozostałości robi się testy „multiresidue" umożliwiające oznaczanie ponad 150 związków równocześnie w tej samej próbce. W Polsce wykrywane pozostałości pestycydów są przeważnie niskie, ale zdarzają się przekroczenia dopuszczalnych poziomów lub stosowanie niedozwolonych dla danych gatunków owoców i warzyw preparatów, a nawet takich, które nie są dopuszczone do używania w naszym kraju!

Świadczy to o tym, że producenci owoców i warzyw nie zawsze stosują się do zaleceń dotyczących ochrony roślin sadowniczych i roślin warzywnych. Narażenie krótko- i długoterminowe zdrowia wskutek skażeń żywności dotyczy głównie dzieci, dlatego przetworom dla tej grupy konsumentów stawiane są specjalne wymagania odnośnie do używania środków ochrony i poziomów skażenia surowców.

Kiszonki owocowe i warzywne to produkty utrwalone przy wykorzystaniu fermentacji mlekowej przebiegającej z udziałem bakterii kwasu mlekowego. Fermentacja mlekowa jest jedną z najstarszych metod utrwalania żywności. Czynnikiem przedłużającym trwałość produktów kiszonych jest kwas mlekowy powstający w procesie fermentacji mlekowej samoistnej lub wzmocnionej dodatkiem czystych kultur bakterii mlekowych. W wyniku fermentacji następuje rozkład węglowodanów do kwasu mlekowego, który obniża pH środowiska i jednocześnie ogranicza wzrost wielu drobnoustrojów.

Oprócz bakterii mlekowych w procesie biorą udział także drożdże, a powstające podczas kiszenia kwasy organiczne chronią produkt przed rozwojem bakterii gnilnych i chorobotwórczych, jednocześnie nadając kiszonkom charakterystyczny smak i aromat.

Zachęcam do samodzielnego kiszenia, bo bardzo łatwo zrobić np. ogórki kiszone samodzielnie! Przykładowy przepis: przed kiszeniem ogórki moczysz przez 1–4 godziny w celu ujędrnienia i oczyszczenia, myjesz, a następnie nakłuwasz, aby przyspieszyć proces oraz odprowadzić gazy. Zalewasz roztworem soli kuchennej (łyżka stołowa na litr wody przegotowanej), a jako dodatki aromatyczno-smakowe możesz wykorzystać świeży koper, korzenie i liście chrzanu, czosnek, pieprz czarny, liść laurowy, kolendrę, liście porzeczki lub liście winogron. W warzywniakach dostępne są gotowe zestawy do kiszenia, składające się wyłącznie ze świeżych surowców roślinnych. Kiszenie zachowuje składniki odżywcze produktu, np. witaminę C, dobrze na organizm działają też bakterie fermentacji mlekowej oraz ich metabolity. Kapusta kiszona oprócz witaminy C dostarcza także soli mineralnych, błonnika i acetylocholiny, która bierze udział w regulacji ciśnienia krwi i działa korzystnie na perystaltykę jelit.

Rośliny mogą być źródłem **naturalnych toksyn** – wytwarzane są one przez rośliny m.in. do ochrony przed chorobami i szkodnikami. Niektóre substancje w niskich dawkach mogą mieć korzystny wpływ na zdrowie, przy wyższych stężeniach istnieje ryzyko zagrożenia zdrowia. Na to ryzyko szczególnie narażone są dzieci, ze względu na dużo niższą dawkę mogącą spowodować efekty toksyczne.

Rośliny strączkowe produkują lektyny, ale wystarczy 15 minut gotowania, aby pozbyć się tych substancji. Natomiast nie wolno jeść surowych ziaren ze względu na obecność glikozydów cyjanogennych. Tu pomoże namaczanie (6–12 godz.) i gotowanie, np. grochu czy fasoli. Wyższe stężenia tych substancji występują m.in. w gorzkich migdałach, pestkach moreli itp.

Gałka muszkatołowa w większych ilościach (1–3 łyżeczki przyprawy codziennie) może działać toksycznie.

Niebezpieczne są również alkaloidy, np. chakonina i solanina. Ich głównym źródłem w żywności są ziemniaki – szczególnie wysokie stężenie jest w oczkach, zielonych plamach, odnogach kiełków i łupinach niedojrzałych bulw. Istotne stężenie alkaloidów obserwuje się też w niedojrzałych, zielonych warzywach, np. pomidorach. Ciekawym alkaloidem jest również kapsaicyna – to właśnie ona odpowiada za piekący smak papryki chili. Jeśli kochasz tę przyprawę i stosujesz ją bez umiaru, w skrajnych przypadkach mogą wystąpić negatywne skutki uboczne.

Wysokie dawki kwasu szczawiowego też nie są najszczęśliwszym rozwiązaniem. Najwyższe znajdziesz w szczawiu, a dawka śmiertelna to 5–15 g czystego kwasu szczawiowego, co odpowiada 625–1875 g świeżej masy szczawiu (jest mało realne, abyś była w stanie tyle zjeść naraz). Całkiem sporo jest go też w boćwinie, proszku kakaowym, rabarbarze i szpinaku. Warto pamiętać, że kwas szczawiowy pojawia się również w organizmie w wyniku przemian kwasu askorbinowego.

Saponiny, np. glicyryzyna z korzenia lukrecji, mają działanie podobne do kortyzonu, więc mogą np. wywołać nagły wzrost ciśnienia krwi. Osoby z nadciśnieniem powinny unikać nadmiernego spożycia lukrecji, a na opakowaniach zawierających znaczne dawki tej rośliny musi być zamieszczona informacja na ten temat.

Kumaryna i jej pochodne są powszechne w świecie roślin i mają szerokie działanie - zwykle wspomina się o niej w kontekście cynamonu, gdzie producenci czasami zamiast używać surowca pochodzącego z cynamonowca cejlońskiego (*Cinnamomum verum*), wykorzystują tańszy odpowiednik niskiej jakości - korę cynamonowca wonnego (*Cinnamomum cassia*), charakteryzującą się znacznie wyższą zawartością kumaryny. W jednej z badanych prób zawartość kumaryny w małej (50 g) paczce ciastek przekraczała 2,5-krotnie bezpieczny, zalecany przez EFSA (Europejski Urząd ds. Bezpieczeństwa Żywności) poziom. Warto o tym pamiętać, kupując produkty zawierające cynamon - zwłaszcza dzieciom, szczególnie jeśli dziecko spożywa je bez umiaru i/lub codziennie.

Asortyment

Jeśli jesteś warzywnym ignorantem i do włączania warzyw do każdego posiłku nie przekonuje cię ani wartość odżywcza, ani znaczenie warzyw dla zdrowia, zacznij od małych kroków.

Przykładowo superzdrowa natka do nieśmiertelnego rosołu lub innej zupy. Pomidor, ogórek, rzodkiewki, szczypiorek do kanapki, warzywa na ciepło do obiadu w ulubionym sosie do makaronu. Nie musisz od razu rezygnować z mięsa, spróbuj zrobić miks typu mięso + fasola + sos pomidorowy. Do tego dodaj czosnek lub odrobinę cebuli.

Świeże warzywa, takie jak czosnek, cebulę, szczypiorek, awokado czy pomidory, można świetnie wmiksować w sosy, dipy do chleba, innych warzyw lub nachos.

Pamiętanie o warzywach do każdego posiłku w krótkim czasie wejdzie ci w krew jako zdrowy nawyk.

Jeśli masz podejście czysto pragmatyczne, ale niespecjalnie lubisz warzywa czy owoce, wybieraj te z listy *top of the top*. Przedstawiam ściągę.

LISTA WARZYW I OWOCÓW TOP OF THE TOP

Witamina C

Czarna porzeczka (182 mg na 100 g produktu), truskawki (66 mg na 100 g produktu) i inne owoce – witamina C występuje powszechnie, ale czarna porzeczka wymiata.

Pietruszka (liście – 177 mg na 100 g produktu), papryka czerwona (144 mg), papryka zielona, szpinak.

Witamina B_1

Pomarańcze, ananasy, czarna porzeczka

Soja, brukselka, szparagi, groszek zielony, fasola

Witamina B_2

Banany, winogrona, porzeczki

Szczaw, szpinak, szparagi, soja, groszek zielony, fasola, brokuły, pietruszka

Witamina PP

Brzoskwinie, morele, jeżyny, maliny, banany

Pietruszka, soja, ziemniaki, szparagi, marchew

Witamina B_6

Banany

Soja, fasola, kabaczki, cukinia, szpinak, kalafior, kapusta chińska, brukselka, brokuły

Kwas foliowy

Pomarańcze, jeżyny, truskawki, banany, maliny

Soja, fasola, pietruszka, szpinak

Beta-karoten

Morele, marchew, szpinak, pietruszka, dynia, szczaw, kapusta chińska

Żadne produkty przetworzone czy najdroższe suplementy nigdy nie powinny zastępować obecności świeżych warzyw i owoców na twoim stole.

Na pewno zastanawiasz się, czy spożywać owoce i warzywa importowane. Moja odpowiedź brzmi „tak". Podstawą zdrowej diety jest urozmaicenie oraz kupowanie świeżych, lokalnych produktów. Ale fajnie, jak czasem wpadnie do koszyka coś innego niż w kółko włoszczyzna, pomidory i ziemniaki. Zrób czasem ogórkową, krem z zielonych warzyw, a na drugie danie czy kolację – zamiast ziemniaków kup bataty. Powiew świeżości i nowości w kuchni na pewno poprawi samopoczucie, wzbogaci doznania smakowe i pozytywnie wpłynie na różnorodność diety. Trzeba natomiast się liczyć z tym, że np. cytrusy przebywają dość długą drogę, zanim trafią na nasz stół, w związku z czym siłą rzeczy są zabezpieczane na czas transportu m.in. różnymi środkami chemicznymi.

Koniecznie pamiętaj o **warzywach kiszonych**! Możesz je kupić lub zrobić samodzielnie – to nie jest takie trudne. Jeśli nie masz na to ochoty, ogórki i kapusta kiszona są niemal w każdym sklepie. Podkreślam jeszcze raz – kiszonki są doskonałym źródłem probiotyków poprawiających stan naszego organizmu (pod każdym względem), błonnika, cennych witamin oraz składników mineralnych.

Na opakowaniu możesz znaleźć słowo „kwaszone". Producenci mają zróżnicowany stosunek do etykiet – dla części jest to synonim i używają tego słowa zamiennie na produktach fermentowanych. Jednak część produktów „kwaszonych" może okazać się warzywami zalanymi octem, co z fermentacją ma niestety niewiele wspólnego.

Bardzo częstym pytaniem jest: „Gdzie kupować warzywa?". Odpowiedź jest w miarę prosta. Tam, gdzie możesz.

Jeśli masz możliwość kupowania produktów na biobazarach lub prosto od lokalnych dostawców – super! Ale jeśli rezygnujesz z warzyw, bo boisz się kupować je w supermarkecie czy dyskoncie, popełniasz błąd. Większą krzywdę robisz swojemu organizmowi, nie

jedząc warzyw wcale, niż jedząc zwykłe zamiast bio. Oczywiście kupowanie produktów bio jest kwestią zaufania – wierzymy, że producent uprawia rośliny zgodnie z zasadami rolnictwa ekologicznego. Natomiast węszenie wszędzie spisków i podejrzewanie każdego producenta o stosowanie nieuczciwych praktyk jest dość męczące i właściwie nie ma sensu.

Również popłakiwanie z okazji używania szkodliwych środków ochrony roślin jest stratą czasu i energii. Preparaty stosowane w rolnictwie są przebadane i jeśli stosowane są w odpowiedni – zalecany przez producenta – sposób, spożywanie warzyw uprawianych z udziałem takich preparatów nie powinno mieć negatywnych konsekwencji zdrowotnych. Ponownie, jest to kwestia zaufania i wiary w to, czy rolnik potrafi i chce używać środków ochrony roślin we właściwy sposób, czy nie. Zauważ, że są to decyzje, na które nie masz wpływu. Jak wiesz, lepiej wychodzić z założenia, że nie przejmujemy się tym, na co nie mamy wpływu, a całą swoją energię skupiamy na tych obszarach, gdzie możemy coś zmienić.

2 *Ziemniaczki, fryty, czipsiki*

Doskonale rozumiem, że na wymyślnie udekorowanym stole, instagramowym profilu czy ścianie na Facebooku ziemniaki wyglądają dość biednie i pospolicie. Zdecydowanie lepiej prezentują się (i lajkują) chrupkie czipsy z dipem, smukłe frytki czy opalone toskańskim słońcem w piekarniku ćwiartki.

Niestety, ani ociekające tłuszczem czipsy, ani obficie posolone fryty, ani nawet przyprawione glutaminianem kulki, gwiazdki i inne cudeńka, które wymyślają ludzie od wymyślania cudeniek, nie mają wiele wspólnego ze świeżymi, młodymi ziemniakami ugotowanymi w mundurkach na parze, podanymi z dodatkiem koperku i zsiadłego mleka lub kefiru. No może poza samym surowcem, ale to trochę za mało jak na moje oko.

- **Po co je jemy:** bo chcemy się najeść, bo chcemy się za coś nagrodzić, z braku czasu.
- **Czy można nie jeść:** zdrowa dieta to mniejszy lub większy, ale jednak udział węglowodanów i warto je (np. ugotowane ziemniaki) przynajmniej gdzieś przemycać.
- **Ile jeść:** 45–70% naszej diety powinny stanowić węglowodany złożone, z czego produkty pochodzenia ziemniaczanego stawiałabym w mniejszej części, a frytki i czipsy jako rzadkość.
- **Na co uważać:** na brak różnorodności – ciągle tylko ziemniory i ziemniory. No ludzie, ile można?
- **Czego się nie bać:** tego, że ziemniaki tuczą. Tuczą regularnie

często jedzone czipsy, fryty ociekające starym tłuszczem i kubełek sosu na wodzie z utwardzonym tłuszczem i mlekiem w proszku.

Kilka uwag

Ziemniaki w latach 50. XX wieku były drugim co do wielkości źródłem węglowodanów w polskiej diecie, obecnie przegrywają z cukrem, niestety.

Składają się głównie ze skrobi (11–22%) i poza kukurydzą, tapioką oraz pszenicą są czwartym źródłem jej pozyskiwania. Zawierają większość aminokwasów egzogennych, ale samego białka jest w nich niewiele (2%). Niektórzy zachwycają się poziomem witaminy C, niestety podczas przechowywania jej zawartość maleje o 50%, a dalsze straty obserwuje się po obróbce cieplnej.

Jeśli mówimy już o ziemniakach przetworzonych, należy wspomnieć o akrylamidzie, który powstaje w żywności o dużej zawartości węglowodanów, poddanej działaniu wysokich temperatur (min. 120°C, np. w procesach smażenia, pieczenia, prażenia, grillowania). Nie stwierdzono natomiast obecności akrylamidu w żywności nieogrzewanej lub gotowanej, np. w ziemniakach ugotowanych.

Niestety z postępem cywilizacyjnym obserwuje się ciągły wzrost spożycia ziemniaków przetworzonych, w postaci smażonych produktów przekąskowych typu chrupki, czipsy oraz frytki.

Akrylamid został zakwalifikowany do czynników rakotwórczych z grupy 2A, co skłania badaczy do poszukiwania sposobów obniżania go w żywności. Zawartość akrylamidu we frytkach jest zróżnicowana w zależności od użytego surowca, czynników uprawowych kształtujących skład chemiczny ziemniaków, warunków przechowywania oraz parametrów technologicznych podczas wytwarzania. Jeśli myślisz, że frytki produkuje się przez obieranie, krojenie i podsmażenie ziemniaków, to jesteś w dużym błędzie. W procesie produkcji mamy jeszcze blanszowanie - nie tylko w wodzie, ale również w różnych roztworach, takich jak roztwór kwasu cytrynowego, fosforowego, chlorku wapnia czy magnezu, kleiku skrobiowym. Blanszowanie jest stosowane w celu inaktywacji enzymów i działania cukrów redukujących oraz innych substancji odpowiedzialnych za powstawanie ciemnej barwy wyrobów gotowych, a także w celu ujednolicenia barwy produktu. Procesy technologiczne przyczyniają się też do zmniejszenia absorpcji tłuszczu podczas smażenia, co poprawia konsystencję frytek oraz zmniejsza ryzyko zagrożenia mikrobiologicznego.

Z ziemniaków poza smażonymi i mrożonymi przetworami produkuje się głównie mączkę ziemniaczaną, syrop skrobiowy, glukozę, dekstryny i spożywcze susze ziemniaczane (np. płatki, purée itp.). Jak to możliwe, że glukozę? Bardzo prosto. Wyobraź sobie, że węglowodany złożone to sznury lekko pogmatwanych koralików. Chemicznie skrobia to polisacharyd (wielocukier). Na drodze hydrolizy (procesu „cięcia") otrzymujemy mniejsze kawałki (krótsze sznurki korali), zwane dekstrynami, następnie tnąc dekstryny na małe kawałki (po dwa koraliki), otrzymamy maltozę (dwucukier) i na koniec – pojedyncze koraliki, czyli cząsteczki glukozy (zwane cukrem prostym).

Dobierając odpowiednie parametry procesu, uzyskuje się różne gatunki syropów skrobiowych, których zaletą jest to, że nie ulegają krystalizacji.

Zapewne spotkałaś się w produktach z czymś takim jak **skrobia modyfikowana** – to substancja otrzymana ze skrobi spożywczej w wyniku działania czynników fizycznych, chemicznych lub biochemicznych. Na skutek tych reakcji następują zmiany właściwości skrobi, w efekcie otrzymujemy preparat zwiększający trwałość układów koloidalnych, mający zastosowanie do produkcji np. lodów, śmietanek itp. Jednym słowem dodatek spożywczy będący substancją wiążącą, zagęszczającą i wypełniającą.

Asortyment

Fryty – jeśli kochasz, pamiętaj, że bardzo łatwo zrobić je samodzielnie w domu. Nie ograniczaj się wówczas tylko do ziemniaków. Pokrój bataty, ziemniaki, marchewkę i inne warzywa, które przyjdą ci do głowy, spryskaj olejem, dodaj odrobinę soli, pieprzu, papryki, innych przypraw oraz ulubione zioła i do piekarnika. Wśród kupowanych wybieraj te z jak najkrótszym składem i niższą zawartością tłuszczu.

Mrożone ziemniaczane coś

Ziemniaki, olej słonecznikowy, sól, glukoza, cebula w proszku, stabilizator (E464), emulgator (E471), przyprawy.

Stabilizator i emulgator? Frytki to na tyle banalny produkt, że naprawdę wystarczą jedynie ziemniaki i tłuszcz zamiast sześciu dodatkowych składników (jak w przykładzie powyżej).

Czipsy – tradycyjne zamień na te z pieca, ponieważ faktycznie zawierają zdecydowanie mniej tłuszczu. Jeśli chcesz zupełnie ograniczyć tłuszcz w słonych przekąskach, nadal pozostając w klimacie czipsów, wypróbuj przyprawione na ostro chrupkie pieczywo czy miniwafelki ryżowe lub kukurydziane, doprawione w taki sam lub podobny sposób jak czipsy. Obecnie produkowane czipsy o zawartości tłuszczu od 15 do 25% (tradycyjne mają 30–40%), wytwarza się z płatków lub plastrów ziemniaków, smaży w małej ilości tłuszczu, a po usmażeniu traktuje się je przegrzaną parą wodną w temperaturze 138–170°C przez 1–2 minuty, dzięki czemu z powierzchni czipsów „spłukiwany" jest tłuszcz.

Przykładowe czipsy

Ziemniaki, olej słonecznikowy (34%), słodka serwatka w proszku (z mleka), sól, cebula w proszku (1%), cukier, aromat, ekstrakt drożdżowy, wzmacniacze smaku (glutaminian monosodowy, guanylan disodowy, inozynian disodowy), kwas (kwas cytrynowy), barwniki (ekstrakt z papryki, kurkumina).

Mocno podrasowany skład. A w najtańszych czipsach znajdziesz ziemniaki z olejem palmowym.

Czipsy z pieca – ok. 14 g tłuszczu na 100 g produktu

Płatki ziemniaczane (54%), skrobia, olej roślinny rzepakowy, preparat aromatyzujący [serwatka w proszku z mleka, sól, laktoza w proszku z mleka, czosnek w proszku, cukier, wzmacniacze smaku (glutaminian monosodowy, 5'-rybonukleotydy disodowe), odtłuszczone mleko w proszku, jogurt w proszku z mleka, hydrolizowane białko roślinne (zawiera soję), cebula w proszku, chlorek potasu, zioła (pietruszka, koperek, mięta), aromaty, olej palmowy, regulatory kwasowości (kwas jabłkowy, kwas cytrynowy)], cukier, mąka pszenna, emulgator (lecytyna sojowa), glukoza.

Skład nie powala na kolana, ale tłuszczu faktycznie o połowę mniej.

Wafelki kukurydziane paprykowe – ok. 7 g tłuszczu na 100 g produktu

Kukurydza popcornowa – bez łuski (85%), oliwa z wytłoczyn oliwek, sól, papryka w proszku, cukier, cebula w proszku, hydrolizat białka roślinnego (z soi), ekstrakt z drożdży, regulator kwasowości, kwas cytrynowy, barwnik: ekstrakt z papryki, aromat dymu wędzarniczego (zawiera gorczycę).

Chyba najlepsza alternatywa dla czipsów, jaką znalazłam na rynku polskim.

3 *Musy i dżemy to żywność przetworzona*

Coraz częściej obserwuję na rynku produkty zawierające owoce przetworzone, ale reklamowane po prostu jako „owoce". Wiem, zabrzmi to jak masło maślane, ale owoce przetworzone nie są świeżymi owocami – są PRZETWORZONE.

I wcale nie mam zamiaru wyłącznie krytykować takich produktów. Uważam, że bez problemu znajdziemy miejsce dla owoców przetworzonych w naszym jadłospisie, natomiast postawmy grubą kreskę pomiędzy owocami świeżymi a produktami zawierającymi owoce przetworzone.

Często na opakowaniach produktów przeczytasz napis „wysoka zawartość owoców". Ale co to właściwie znaczy ta „wysoka zawartość" i kiedy jest wysoka, a kiedy niska?

Ten, kto robi dżemy, dobrze wie, że świeże owoce zawierają sporo wody. Zatem dżem przygotowany z 40 g owoców na 100 g produktu nie będzie propozycją z najwyższej półki, choćby nawet były to owoce BIO.

Gdy 40 g owoców poddamy obróbce cieplnej, część wody wyparuje, do sporządzenia dżemu zostanie nam dosłownie garść surowca. Skoro produkt zawiera 100 g, słoik trzeba będzie czymś uzupełnić – niestety zwykle jest to czysty cukier z substancją żelującą. 60 czy 80 g surowca też nie powala na kolana. Ale już 180 g owoców (np. w niektórych powidłach) na 100 g produktu – tak. Uważaj na dość sprawny marketing produktów owocowych. Odważne hasła w stylu „woda i owoc" mają się nijak do rzeczywistości. Woda i owoc to dla mnie szklanka wody i świeże jabłko. Jeśli do wody dodamy trochę soku owocowego lub soku z koncentratu, nie możemy postawić znaku równości. Woda z odrobiną soku nie zastąpi nigdy wody ze świeżym jabłkiem. Tak samo jak mus owocowy nie zastąpi świeżego jabłka czy banana. Bo między owocem surowym a produktem przetworzonym jest po prostu zbyt duża różnica.

Gdzie jest miejsce przetworów owocowych? Widzę je jako dodatek, ciekawe i wartościowe, ale jednak urozmaicenie naszej diety. Inaczej smakuje naleśnik z powidłami śliwkowymi w porównaniu z naleśnikiem podanym ze świeżymi śliwkami. W okresie jesienno-zimowym, gdy dostęp do świeżych owoców jest ograniczony, możemy śmiało korzystać z przetworów owocowych. Proponuję zatem wybierać świeże, lokalne, owoce sezonowe, a poza sezonem lub w razie sytuacji bez wyjścia kupować mrożone lub suszone bez substancji konserwujących, np. morele niesiarkowane, lub przetwory typu mus czy powidła. Jednym słowem przetwory należy spożywać z umiarem.

- **Po co je jemy:** bo lubimy wszystko na słodko, chcemy zjeść owoce poza sezonem lub jesteśmy mega leniwi.
- **Czy można nie jeść:** bez problemu, chyba że nie masz dostępu do surowizny lub z jakiegoś powodu nie możesz spożywać surowych owoców.
- **Ile jeść:** na pewno MNIEJ niż surowych owoców.
- **Na co uważać:** na brak różnorodności – ciągle tylko musy i soki. Ważne: uważać na ZĘBY. Permanentna obecność przetworów czy soków owocowych w jamie ustnej to nie przelewki.
- **Czego się nie bać:** tego, że przetwory są kompletnie bezwartościowe albo że są robione z najgorszych na świecie surowców.

Kilka uwag

Przetwarzanie owoców i warzyw jest dobre. Po pierwsze, chcemy mieć stały dostęp do surowców, a w sezonie często zdarzają się nadwyżki świeżych owoców. Zamiast wyrzucać, warto je wykorzystać. Prócz nadwyżek przyczyną przetwarzania jest również nietrwałość owoców i warzyw, dlatego znaczna część zbiorów jest utrwalana w postaci półproduktów owocowych i warzywnych. Podstawowym celem wytwarzania półproduktów jest zahamowanie procesów biologicznych i biochemicznych zachodzących w surowcu, poprzez ograniczenie aktywności enzymów i wzrostu drobnoustrojów.

Utrwalanie może odbywać się metodą chemiczną (np. przy użyciu związków siarki, pochodnych kwasu sorbowego lub benzoesowego) lub fizyczną (m.in. mrożenie, pakowanie aseptyczne i pasteryzacja).

W procesie utrwalania surowców często stosowana jest **sulfitacja (siarkowanie)** za pomocą dwutlenku siarki, kwasu czy siarczanów, ponieważ kwas siarkawy dość łatwo można usunąć z półproduktów (przed ich dalszym przerobem) przez odparowanie. Poza hamowaniem rozwoju drobnoustrojów kwas siarkawy dzięki właściwościom redukującym przyczynia się do zachowania barwy oraz witaminy C i karotenoidów, ale niestety niekorzystnie wpływa na zawartość witaminy B_1. Sulfitacja nie jest nowością – w przemyśle owocowo-warzywnym przez ostatnie kilkadziesiąt lat podstawowym sposobem zabezpieczenia nietrwałych surowców było konserwowanie chemiczne, głównie przy użyciu kwasu siarkawego [czyli siarkowego (IV)] i tlenku siarki (IV). Dopiero rozwój innych metod utrwalania, takich jak mrożenie czy przechowywanie w warunkach aseptycznych doprowadziły do znacznego ograniczenia stosowania konserwantów chemicznych, bo nie oszukujmy się: dwutlenek siarki ma działanie alergizujące i warto szukać innych metod.

Innym sposobem utrwalania jest **suszenie** owoców i warzyw – prowadzi się je zwykle w temperaturze 65–70°C przez kilka do kilkunastu godzin. Niestety wysoka temperatura i długotrwałe napowietrzanie mogą powodować niekorzystne zmiany, m.in. utlenianie witaminy C, barwników, denaturację białek. Do produktów płynnych i półpłynnych, takich jak soki czy przeciery stosuje się suszarki rozpyłowe, wtedy czas suszenia wynosi kilka sekund, a uzyskany w ten sposób proszek ma lepiej zachowane cechy sensoryczne i odżywcze. Metodą, która w największym stopniu zachowuje wyjściowe cechy surowca, zarówno sensoryczne, jak i odżywcze, jest **liofilizacja**, czyli sublimacja (przejście ze stanu stałego od razu w stan gazowy) lodu powstałego w wyniku wcześniejszego zamrożenia surowca. Ze względu na niską temperaturę i obniżone ciśnienie, które ogranicza kontakt tlenu z surowcem, w procesie liofilizacji uzyskuje się susze o nieznacznie zmienionej w stosunku do surowca wartości odżywczej.

Jeśli chodzi o obecność wartości odżywczych, pamiętaj, że już samo **przechowywanie** ma wpływ – straty w surowcu od momentu zbioru do wylądowania na talerzu mogą sięgać od kilku do nawet kilkudziesięciu procent (np. ze względu na zachodzące reakcje oraz wpływ szkodników). W przypadku większości surowców wartość odżywcza zmniejsza się (np. fasolka szparagowa, groszek zielony), ale zdarza się, że przechowywanie wpływa na zwiększenie wartości odżywczych (np. dojrzewanie pomidorów) lub zmianę smaku (np. w jabłkach przechowywanie zmienia proporcje kwas organiczny – cukier).

Istotnym aspektem jest obecność w warzywach i owocach enzymów, które jakkolwiek mogą wpływać dodatnio na jakość produktu końcowego, np. dojrzewanie owoców w przechowalni przed przerobem, zwykle powodują niekorzystne zjawiska podczas procesu technologicznego, np. zmianę barwy, aromatu, smaku, utlenienie witaminy C. W przypadku starzenia się tkanek lub rozerwania ich w trakcie przerobu (też zamrażania i rozmrażania) enzymy ulegają uwolnieniu i zaczynają działać w sposób niekontrolowany, co prowadzi do drastycznych zmian produktu, np. strat antyoksydantów.

Szkody obserwowane są też podczas nieoczekiwanych zmian pogody, np. podczas mrozów następuje nieodwracalne uszkodzenie tkanek roślinnych ze względu na tworzący się lód. Jednym ze sposobów na zabezpieczenie surowców przed niespodziewanymi sytuacjami jest woskowanie – zmniejsza to ryzyko straty dzięki zahamowaniu np. rozwoju chorób fizjologicznych. Producenci dysponują preparatami woskowymi i olejowymi, które są rozpylane już na paletach w pojazdach transportujących surowce lub w przechowalni. Możesz protestować przeciwko chemii i nie wyrażać zgody, ale prawda jest taka, że działania te skutkują obniżeniem strat nawet o 40–50%.

Znajomość pH produktu (zależnego od obecności kwasów w warzywach i owocach) wpływa na decyzję, czy produkt należy utrwalać metodą **sterylizacji**, czy wystarczy **pasteryzacja**. Przy niskim pH wystarczy pasteryzacja, przy wysokim konieczna jest sterylizacja (np. 116°C, 25–65 minut), ze względu na zniszczenie przetrwalników bakterii jadu kiełbasianego (*Clostridium botulinum)*. Z punktu widzenia jakości produktów wysoka temperatura i krótki czas obróbki termicznej są korzystniejsze niż długi czas i niska temperatura, bo prowadzą do zniszczenia mikroflory przy mniejszych zmianach chemicznych w produkcie.

Asortyment

Soki

Soki naturalne oraz soki NFC *(not from concentrate)* uzyskuje się poprzez wyciśnięcie tkanki owoców, a następnie utrwalenie przez pasteryzację, bez stosowania obróbki enzymatycznej, zabiegów klarowania i procesów zagęszczania.

Soki jednodniowe nie są nawet pasteryzowane – jeśli nie ma przeciwwskazań, możesz śmiało wybierać niepasteryzowane (jednodniowe). **Soki zagęszczone** (odtworzone) otrzymuje się przez odtworzenie proporcji wody i aromatu odzyskanego z soku podczas zagęszczania. Podczas tego zabiegu surowce są poddawane różnym procesom technologicznym, np. obecność pektyn rozpuszczalnych w wodzie zwiększa lepkość soku, co oznacza spadek wydajności tłoczenia, zatem w produkcji soków zagęszczonych istnieje konieczność usuwania tych substancji przed zagęszczeniem.

Dlaczego dodaje się aromat? Przykładowo w jabłkach jest ponad 300 związków aromatycznych, ale obróbka termiczna powoduje ulatnianie się substancji zapachowych, dlatego podczas zagęszczania soków substancje te są oddzielane, a następnie dodawane do produktu. Aromaty syntetyczne różnią się od naturalnych budową i/lub sposobem otrzymywania, nie wolno dodawać ich do soków, ale można używać w produkcji napojów.

W zależności od technologii na półkach sklepowych znajdziesz **soki naturalnie mętne** (charakteryzujące się większą zawartością składników bioaktywnych, pektyn, witamin) oraz **soki klarowne** (z których na drodze fizycznej lub biochemicznej usunięto wszystkie zawiesiny i substancje powodujące mętność). Te drugie wykazują obniżoną wartość odżywczą – niemal całkowicie są pozbawione pektyn, witaminy C i większości związków fenolowych.

Najbardziej wartościowe z żywieniowego punktu widzenia są **soki przecierowe** – zawierają one nierozpuszczone składniki owoców i warzyw, ale ich charakterystyczna i gładka konsystencja wymaga homogenizacji i wirowania.

Są jeszcze **nektary**, czyli soki ze wspomaganiem. Tyle dobrego, że nie mogą być barwione, aromatyzowane czy utrwalane chemicznie, ale pamiętaj, że zawartość soku w nektarze to minimum 25% dla owoców kwaśnych (np. porzeczki) i 50% dla innych.

Jak wiesz, wskutek procesów technologicznych następują straty niektórych witamin i składników mineralnych (m.in. zostają w pulpie po odsączeniu), ale producenci mają swoje metody zapewniające ochronę cennych substancji, np. przed utlenieniem, jak dodatek kwasu askorbinowego (witaminy C) oraz tłoczenie w atmosferze azotu.

„Jeśli masz możliwość, wybieraj soki warzywne lub przynajmniej warzywno-owocowe. Zawierają one cenne substancje przy mniejszej zawartości cukru".

Musy

Bardzo często zastawiamy się, co wybrać na przekąskę. Mając do wyboru batony zawierające sporą dawkę cukru i tłuszcze utwardzone, mus wydaje się dobrą opcją. Problem w tym, że spożywając wartościowe (czyli nie batony) przekąski zawierające tłuszcz lub węglowodany złożone, uczucie sytości utrzymuje się do kilku godzin po spożyciu, w zależności od składu przekąski. Jeśli chodzi o mus, bywa różnie. Według mnie to raczej dodatek urozmaicający dietę niż sposób na codzienne życie. Za błąd uważam codzienne zastępowanie świeżych owoców owocami przetworzonymi. Jeśli tylko mamy możliwość i dostęp do świeżych owoców, to **właśnie one** powinny być produktami pierwszego wyboru. W razie braku alternatywy lub wyraźnych zaleceń dotyczących spożywania owoców przetworzonych zamiast surowych może być mus.

Dżemy

Przy stałym wzroście produkcji mrożonek owocowych i warzywnych widoczny jest też wzrost produkcji suszy warzywnych, marynat warzywnych i keczupu. Zahamowaniu uległ natomiast obserwowany do niedawna wzrost produkcji dżemów i marmolad. I dobrze, uważam te przetwory za najmniej wartościowe w ofercie owoców przetworzonych, ze względu na nieodłączny dodatek cukru. Ale pamiętaj, że są w sprzedaży przetwory tego typu bez cukru, np. powidła ze śliwek.

- **Marmolada** – jest to, mówiąc w skrócie, słodzony koncentrat z wielu gatunków owoców z ok. 50-proc. dodatkiem cukru. Do otrzymania 1000 g wyrobu gotowego używa się minimum 1100 g przecieru w przypadku marmolady twardej i 800 g w przypadku marmolady miękkiej.
- **Dżemy** – minimalna ilość owoców w 1000 g produktu wynosi 350 g, w przypadku niektórych owoców (np. porzeczek) – 250 g. W zależności od ilości dodanego cukru dżemy dzielimy na wysokosłodzone (dodatek cukru do 60%) i niskosłodzone (z dodatkiem cukru do 40%). Trochę sporo.
- **Konfitury** – minimalna ilość owoców w 1000 g produktu wynosi 500 g.

Powidła śliwkowe – do wyrobu 1000 g gotowego produktu używa się minimalnie 1600 g pulpy lub przecieru ze śliwek. Trwałość mikrobiologiczną powideł uzyskuje się dzięki wysokiemu stężeniu cukru (pochodzenia naturalnego) oraz koncentracji naturalnych kwasów owocowych. Niestety przez intensywne i długotrwałe gotowanie przecieru w powidłach występują znaczne straty witamin, zwłaszcza C i B_1

Dżem pomarańczowy

Cukier i/lub syrop glukozowo-fruktozowy, pomarańcze, woda, substancja żelująca – pektyna, regulator kwasowości – kwas cytrynowy, substancja konserwująca – sorbinian potasu, sporządzono z 35 g owoców na 100 g produktu.

35 g owoców na 100 g produktu? Troszkę mało.

Dżem BIO

Cukier trzcinowy, morele, substancja żelująca – pektyny, regulator kwasowości – kwas cytrynowy, Sporządzono z 50 g owoców na 100 g produktu.

Fajnie, że BIO, ale 50 g to nadal mało.

Konfitura

Cukier trzcinowy, morele, substancja żelująca – pektyny, regulator kwasowości – kwas cytrynowy, Sporządzono z 70 g owoców na 100 g produktu

Nadal mało, ale lepsze 70 g niż 35 g.

Powidła

Śliwki węgierki. Sporządzono ze 182 g owoców na 100 g produktu.

No i to rozumiem!

4 *Kup pan kaszę*

Kasze, podobnie jak ziemniaki, nie mają jeszcze dobrego PR w sieci, aczkolwiek od jakiegoś czasu idzie ku lepszemu.

Oznaką tego są wszelkie hipsterskie czy snobistyczne knajpy, gdzie w sytuacji braku organicznej jaglanki w ofercie śniadaniowej możesz ostentacyjnie opuścić lokal, mamrocząc pod nosem coś w stylu „szok", „hańba" czy „niedowierzanie" i w sumie nikt nie będzie jakoś specjalnie zdziwiony.

Skoro jaglanka jest teraz w modzie, czekam na pozostałe kasze. Zwłaszcza na to, gdy ludzie w końcu obudzą się i zauważą, jak niesamowicie bogata w wartości odżywcze, banalna w przygotowaniu, smaczna i niedroga jest np. kasza owsiana. Czekając na oświecenie, przejdźmy do konkretów.

- **Po co je jemy:** żeby się najeść (węglowodany) plus zjeść trochę witamin, składników mineralnych i błonnika.
- **Czy można nie jeść:** zdrowa dieta to mniejszy lub większy, ale jednak udział węglowodanów i warto je przynajmniej gdzieś przemycać. Kasze to doskonały wybór.
- **Ile jeść:** ile wlezie. No dobra, troszkę mniej niż „bez umiaru".
- **Na co uważać:** na brak różnorodności – nie popadajmy w skrajności. Kasza jaglana siedem dni w tygodniu, pięć razy dziennie to chyba zły pomysł, niezależnie od tego, jak jest zdrowa.
- **Czego się nie bać:** gotowych miksów, prostych produktów instant – raz na jakiś czas.

Kilka uwag

Kasze to stosunkowo mało przetworzone surowce, dostarczające nam węglowodanów złożonych, witamin, składników mineralnych oraz błonnika. Przykładowo, kasza jęczmienna to produkt otrzymywany z ziarna jęczmienia w wyniku jego obłuskania, obtaczania, polerowania i cięcia (łamania). Z jęczmienia produkuje się kasze grube, np. pęczak zwykły, oraz kasze drobne, np. kaszę perłową. Z kolei proso (z którego dostajesz kaszę jaglaną) jest jedynym surowcem kaszarskim niepoddawanym zabiegom hydrotermicznym, ze względu na możliwość powstawania plam na bielmie.

Zawsze płucz kaszę przed gotowaniem. Pozbywasz się w ten sposób kurzu oraz ewentualnych zanieczyszczeń i pozostałości poprodukcyjnych. Dodatkowo kaszę jaglaną możesz przepłukać wrzątkiem lub delikatnie uprażyć przed zalaniem gorącą wodą, będzie wtedy delikatniejsza w smaku.

Asortyment

Kasze są dla mnie absolutnie podstawowym źródłem węglowodanów w diecie, bo staram się zwykle wybierać produkty minimalnie przetworzone, jeśli mam wybór.

Złotym polskim standardem rodem z barów mlecznych, który zapewne doskonale znasz, jest kasza jęczmienna, gryczana i manna (otrzymywana z pszenicy).

Jeśli nie lubisz lub nie możesz przekonać się do zwykłych tradycyjnych kasz, zacznij od gotowców. Mówię zupełnie serio. Obecnie niemal w każdym sklepie możesz kupić fajne i zdrowe miksy różnych rodzajów kasz, kasz z ryżem, kasz z suszonymi warzywami itp. Bardzo często zawierają one mieszanki ziołowe, dodatek przypraw, a nawet warzywa strączkowe, co czyni z takiego miksu całkiem smaczne i zdrowe danie gotowe.

Próbuj, testuj, wychodź poza standardy i rutynę, a nie tylko pszenny makaron, biały ryż i ziemniory.

Jeśli lubisz owsiankę lub walczysz z wysokim poziomem cholesterolu, koniecznie wypróbuj niedocenianą, ale bardzo zdrową kaszę

owsianą – na słodko lub na słono – a także coraz bardziej popularną kaszę jaglaną.

Kasze w workach – wiem, że to może być wygodne, ale jakoś niespecjalnie mnie przekonuje ta wygoda. Ogólnie nie jestem fanką jednorazowych worków foliowych, a tym bardziej gotowania czy pieczenia w plastikowej folii, mimo że rodzaj plastiku użyty do tego typu produktów bywa zwykle odporny na wysokie temperatury. Po prostu nie lubię plastiku.

Całkiem fajny miks dla początkujących

Kasza jęczmienna pęczak (40%), kasza owsiana prażona (40%), ryż czerwony (10%), siemię lniane (10%).

Całkiem fajny miks z soczewicą dla początkujących lub leniwych

Pęczak jęczmienny 50%, bulgur z pszenicy durum 30%, soczewica zielona 20%.

Ciekawy miks z warzywami (będzie dobrze wyglądał na zdjęciach)

Quinoa trzy kolory 90%, suszona cukinia 5%, suszone pomidory 5%.

Poszukaj podobnych miksów w swoim ulubionym sklepie.

5 *Makaron tuczy, ryż zawiera arsen*

Jeśli chodzi o makaron, nie róbmy problemu tam, gdzie go nie ma. Przy braku problemów z glutenem, pszenicą itp. można raz na jakiś czas strzelić słuszną porcyjkę makaronu, pamiętając, że to nie sam makaron tuczy na potęgę, tylko tłuste, często niezdrowe sosy.

Ale jest różnica między „strzelić raz na jakiś czas" a codziennym pchaniem byle jakiego pszennego, rozgotowanego makaronu. Pszenna breja non stop nie ma nic wspólnego z urozmaiceniem diety, które jest dość istotne nie tylko z punktu widzenia zdrowotnego. Różnorodność i wyjście poza schemat poprawiają też nastrój. Nie ma nic gorszego niż przenudna rutyna w kuchni i w kółko te same świderki do pomidorowej, nitki do rosołu itd.

- **Po co je jemy:** makaron – bo kochamy gluten, ryż – bo jest delikatny.
- **Czy można nie jeść:** tak! Można wybierać kasze i ziemniaki zamiast makaronu – bez problemu.
- **Ile jeść:** nic się nie stanie, jeśli będziesz jadła codziennie, ale nic się też nie stanie, jeśli zjesz coś innego raz na jakiś czas, prawda?
- **Na co uważać:** na brak różnorodności – biały zwykły makaron pszenny non stop? Słabo.
- **Czego się nie bać:** kolorowych makaronów. Zwykle są barwione naturalnie.

Kilka uwag

Surowcami do produkcji makaronu są produkty mączne: **semolina** lub mąka, woda oraz różne dodatki. Znanych jest 20 gatunków pszenicy. Ważne dla przetwórstwa są pszenica zwyczajna (*Triticum vulgare*) oraz pszenica twarda (*Triticum durum*), której ceny na światowych rynkach są nawet o 50% wyższe niż zwyczajnej. W Polsce większość makaronów jest robiona z pszenicy zwyczajnej, jednak najlepszym surowcem wyjściowym jest pszenica twarda. Powinna być ona przemielona nie na mąkę, lecz na semolinę (specjalny produkt przemiału pszenicy twardej). Dlaczego semolina? Ze względu na granulowaną strukturę i właściwości technologiczne, które z tego wynikają, czyli sprężyste ciasto (a więc i makaron), które zachowuje kształt i jest wytrzymałe mechanicznie. Jakość makaronu z mąki makaronowej durum jest niższa niż tego z semoliny.

Do makaronu używa się też pasteryzowanej masy jajowej i kurkumy – nie są to składniki, których należy się obawiać.

Ryż zawiera mniej błonnika niż pozostałe gatunki zbóż, które najczęściej spożywamy, dlatego jest wybierany przez osoby, które powinny ograniczać ilość błonnika w diecie.

Co jakiś czas pojawiają się doniesienia dotyczące obecności **arsenu** w ryżu i produktach zawierających ryż, np. wafelkach ryżowych. Arsen jest szeroko rozpowszechnionym w przyrodzie, silnie toksycznym pierwiastkiem, który jest wchłaniany przez układ pokarmowy i układ oddechowy. W wielu krajach, np. w Indiach, Wietnamie czy na Tajwanie, dużym problemem jest obecność arsenu w wodach gruntowych. Badania produktów żywnościowych wykazały, że arsen obecny jest także w żywności, m.in. w ryżu, a jego zawartość zależy od rodzaju pożywienia. Według autorów badań taka ilość arsenu w ryżu, jaka jest obecnie obserwowana, nie powinna stwarzać niebezpieczeństwa dla zdrowia człowieka, ponieważ jest niższa od określanych jako względnie bezpieczne norm (normy są różne, w zależności od kraju, ale nawet te najbardziej restrykcyjne nie są przekroczone).

W kontekście arsenu kolejny raz podkreślam, jak ważna jest RÓŻNORODNOŚĆ w naszym codziennym jadłospisie. To jest słowo przewodnie, nie tylko ze względu na poprawę humoru i znaczenie prozdrowotne. Tu pojawia się aspekt zanieczyszczenia. Przy spożywaniu non stop lub wyłącznie jednego rodzaju pokarmu, bardziej lub mniej przetworzonego (np. jednego rodzaju ryżu, jednego gatunku ryb), narażamy się na ewentualne ryzyko przedawkowania pewnych substancji, działania synergistycznego czy kumulacji niekorzystnych związków chemicznych. Naturalnie, w większości przypadków ryzyko jest na szczęście niewielkie, ale zdarzają się substancje (i akurat metale ciężkie należą do tej grupy, zwłaszcza w kontekście spożywania niektórych gatunków ryb), gdzie dość łatwo przekroczyć zalecany bezpieczny poziom, jeśli jesz wyłącznie i/lub często to samo.

Asortyment

Urozmaicenie cenowe, ilościowe oraz jakościowe makaronów powala na kolana. I bardzo dobrze! Dzięki temu wizyta w sklepie może za każdym razem kończyć się zakupem innego rodzaju makaronu, co wytrąca nasz mózg ze spożywczej rutyny i wymaga odrobiny inwencji twórczej w kuchni.

Tak duży wybór może jednak przyprawiać o ból głowy i w efekcie – z braku czasu i ochoty na szperanie w szeleszczących opakowaniach – wychodzimy ze sklepu z niczym. Lub z tym samym co zawsze.

Zatem jak to zrobić, żeby wybrać najlepszy makaron w jak najkrótszym czasie?

Po pierwsze – wybieramy kształt w zależności od potrawy lub upodobań.

Po drugie – sprawdzamy, czy makaron jest z **semoliny** lub chociaż z pszenicy durum.

Po trzecie – warto czasem wyjść poza schemat i kupić makaron z dodatkami smakowymi. Brzmi to dość nieprawdopodobnie, ale nie masz się czego obawiać – zwykle są to makarony dobrej jakości, niezawierające podejrzanych substancji. Do ciasta makaronowego dodawany jest np. suszony szpinak, papryczka chili lub inne naturalne surowce zmieniające barwę i/lub smak makaronu.

Po czwarte – zachęcam do wybierania makaronów pełnoziarnistych częściej niż zwykłych.

Po piąte – pamiętaj o zdrowym urozmaiceniu diety. Jeśli nie masz nieodpartej ochoty na makaron, może jednak tym razem warto zastąpić go (przynajmniej raz na jakiś czas!) kaszą? Dla fanów makaronu jako kaszę na start, stosowaną zamiennie np. do farszu warzywnego czy mięsnego, proponuję kaszę jęczmienną typu pęczak. Ma łagodny smak, dość zwartą strukturę, łatwo ją ugotować (nawet ignorantom kulinarnym) oraz świetnie komponuje się z daniami na słono.

Jeśli chodzi o asortyment związany z różnymi rodzajami ryżu, sytuacja przedstawia się podobnie, czyli stawiaj na urozmaicenie. Dobrym rozwiązaniem jest ryż brązowy lub miksy zawierające kilka różnych rodzajów ryżu, np. dziki czy czerwony. Raz na jakiś czas możesz kupić zwykły biały oraz inne odmiany w zależności od przeznaczenia, np. ryż do risotto, ryż do sushi, co być może zainspiruje cię do eksperymentowania w kuchni, w wolnym czasie oczywiście.

Jeśli spojrzysz na tabelę wartości odżywczych, faktycznie są różnice między niektórymi rodzajami ryżu, ale nie są one na tyle znaczące (przy typowym spożyciu, czyli nie kilogram dziennie), żeby przejmować się lub kierować nimi podczas wyboru.

Przepłucz ryż przed ugotowaniem, często na opakowaniu (np. ryżu do sushi) jest informacja na ten temat (tak, tak – czytamy etykiety).

Pierwszy z brzegu makaron

Mąka z pszenicy zwyczajnej, pasteryzowana masa jajowa 20%, woda, kurkuma.

Jeśli zawsze kupowałaś taki, pamiętaj, że jest spore prawdopodobieństwo, że w twoim ulubionym sklepie, na tej samej półce leży makaron lepszej jakości. Wystarczy wybrać inny niż zazwyczaj.

Makaron lepszej jakości

Semolina – mąka z pszenicy durum, pasteryzowana masa jajowa 20%, woda, kurkuma.

Można? Można.

6 *Olej palmowy o smaku maślanym*

Wokół tematu olejów czy tłuszczów narosło tak wiele mitów i tak wiele bzdur krąży w Internecie, że możesz zapomnieć o wszystkim, co tej pory przeczytałaś. A jeśli chcesz wiedzieć więcej, sięgnij po publicznie dostępne badania naukowe lub jedną z pozycji literatury fachowej (czyli opartej na faktach i badaniach naukowych, a nie tekstach z byle jakich źródeł), którą podałam na końcu książki.

- **Po co je jemy:** są źródłem energii, zwiększają wchłanianie witamin rozpuszczalnych w tłuszczach, poprawiają smak.
- **Czy można nie jeść:** raczej średnio. Każdy rodzaj diety eliminujący tłuszcz z jadłospisu jest dla mnie podejrzany, tak jak nieumiejętne zwiększanie ilości tego składnika.
- **Ile jeść:** to zależy. Zasadniczo 25–30% twojego dobowego zapotrzebowania na energię powinny pokrywać tłuszcze.
- **Na co uważać:** na oleje częściowo utwardzone – są niezdrowe, a także na (całkowicie) utwardzone oleje – też nie są najszczęśliwszym składnikiem diety. Na brak różnorodności, stosowanie wyłącznie jednego rodzaju tłuszczu, np. kokosowego do wszystkiego.
- **Czego się nie bać:** masła – nie jest szkodliwe z definicji oraz oleju palmowego nieutwardzonego. To zwykły olej roślinny. Jeśli jest pozyskiwany ze zrównoważonego pod kątem ekologicznym źródła, może być jednym ze składników jadłospisu, tak jak olej kokosowy. JEDNYM ze składników, nie dominującym źródłem tłuszczów w diecie.

Kilka uwag

O wartości odżywczej tłuszczu decydują: strawność, wartość energetyczna i zawartość składników odżywczych oraz składników niepożądanych. Na strawność i przyswajalność tłuszczu wpływa stopień zemulgowania (ze względu na dostęp dla enzymów), długość łańcuchów kwasów tłuszczowych oraz temperatura topnienia. Masło, ze względu na strukturę emulsji oraz zawartość krótkołańcuchowych i średniołańcuchowych kwasów tłuszczowych, jest jednym z najlepiej przyswajalnych tłuszczów, ale pamiętaj, że raczej średnio nadaje się do smażenia.

Tłuszcz to skoncentrowane źródło energii. Co to znaczy? Jeden gram tłuszczu to aż 9 kcal, czyli ponad 2 razy więcej w porównaniu z białkiem czy węglowodanami, które dostarczają 4 kcal na 1 g produktu. To oznacza, że jedząc np. batonika zawierającego 4 łyżeczki (ok. 20 g) tłuszczu, dostajesz na dzień dobry 180 kcal do przerobienia z samego tłuszczu (nie wspominając o cukrze i całym teatrzyku metabolicznym, który odbywa się, gdy spożywasz tłuszcz razem z cukrem). Z kolei jedząc 4 łyżeczki (ok. 20 g) białka czy węglowodanów, dostarczasz organizmowi zaledwie 80 kcal, co jest dość istotne przy planowaniu jadłospisu u osób, które z jakiegoś powodu powinny ograniczać lub wręcz przeciwnie – zwiększać kaloryczność posiłków.

Tłuszcze pozyskiwane z różnych surowców mają inną zawartość m.in. kwasów tłuszczowych, witamin i polifenoli. Nie każdy kwas tłuszczowy ma takie samo działanie. Najbardziej korzystne są NNKT z grupy n-3 (niezbędne nienasycone kwasy tłuszczowe o określonej budowie chemicznej). Ponieważ nie potrafimy ich sami syntetyzować – muszą być dostarczane z pożywieniem.

Kwasy nasycone (których zawartość możesz sprawdzić w tabeli wartości odżywczych zamieszczonej na produkcie) spożywane w nadmiarze mogą mieć działanie niekorzystne (np. przyczyniają się do rozwoju nowotworów okrężnicy, gruczołu piersiowego, prostaty). Również przewaga kwasów z grupy n-6 (omega-6) nie jest korzystna dla zdrowia (olej słonecznikowy się kłania).

Generalnie większość tłuszczów lepiej lub gorzej, ale wchodzi „samoczynnie" w skład naszej diety, natomiast bardzo poważnie powinniśmy potraktować kwestię spożywania większej ilości NNKT z grupy n-3 (omega-3), których nie ma w przypadkowych produktach, więc trzeba kupować je i spożywać bardziej świadomie. I tak np. kwas alfa-linolenowy jest m.in. w oleju lnianym, a EPA (kwas eikazapentaenowy) i DHA (kwas dokozaheksaenowy) znajdują się w rybach.

Jaka jest różnica, jeśli chodzi o witaminy, między produktami pochodzenia roślinnego i zwierzęcego?

Jedne i drugie mogą być źródłem witamin rozpuszczalnych w tłuszczach, ale roślinne dostarczają głównie witaminy E oraz prowitaminy A, natomiast zwierzęce – głównie witaminy A i D

Cholesterol

To nie trucizna, to substancja, która jest wytwarzana również w twoim organizmie. Cholesterol jest ważnym składnikiem błon komórkowych i prekursorem związków sterydowych, np. hormonów, witaminy D. Jeśli masz zrównoważoną podaż RÓŻNYCH kwasów tłuszczowych (zamiast w kółko jeść to samo, np. olej kokosowy, boczek, olej słonecznikowy) z udziałem NNKT z grupy omega-3, raczej nie ma powodów do martwienia się liczbą jajek na śniadanie czy krewetek na obiad. Unikaj natomiast substancji będących produktami utleniania tłuszczów, zwłaszcza potraw długotrwale smażonych lub smażonych na starym tłuszczu. Fuj!

Dobre i złe tłuszcze

Chodzi tu o zestaw kwasów tłuszczowych, które mogą działać korzystnie lub niekorzystnie na organizm. Jeśli dieta jest urozmaicona, spożywasz ryby, orzechy, oleje roślinne itd. – zawartość kwasów jest zróżnicowana, czyli dobrze. Organizm ma wybór, ma z czego budować i wszyscy są szczęśliwi. W przypadku np. wyłącznie jedzenia produktów pochodzenia zwierzęcego typu masło, tłuste karkówki, boczek, przy braku ryb i niewielkiej podaży surowców roślinnych – równowaga w podaży całej palety potrzebnych nam kwasów tłuszczowych może zostać zaburzona, co skutkuje zwiększonym ryzykiem występowania chorób, niestety.

Uwodornienie (utwardzanie)

Fajnie i wygodnie, bo ma na celu zmianę konsystencji, zwiększenie trwałości, odbarwienie i odwodnienie oleju, czyli taki produkt jest łatwiejszy w użyciu, ale niestety mniej zdrowy (zwłaszcza tłuszcze częściowo utwardzane).

Przeestryfikowanie tłuszczów

To proces mający na celu podwyższenie wartości odżywczej – produkty zawierają w efekcie np. więcej kwasów nienasyconych.

Margaryna

Eh, to zwykle długi skład, zgadza się. Zobacz dlaczego:

- **emulgatory** – umożliwiają powstanie stabilnej emulsji, najczęściej stosowane są mono- i diacyloglicerole kwasów tłuszczowych (E471),
- **barwniki** – najczęściej karotenoidy typu annato (E160b), beta-karoten (E160) lub kurkumina (E100), bo ma być żółtawo,
- **lecytyna** – najczęściej sojowa (E322), to emulgator, stabilizator i przeciwutleniacz,

- **witaminy** – niektóre obowiązkowo, inne na zachętę,
- **przeciwutleniacze syntetyczne** – hamują niekorzystne zmiany oksydacyjne, przedłużając trwałość, np. galusany (E310-312), BHT (E321), BHA (E320) – ich obecność jest moim zdaniem niepożądana, wolę, gdy są używane pochodzenia naturalnego,
- **sól**, niestety,
- **kwas cytrynowy** – oj, szeroki zakres działania,
- **konserwanty** – zachowanie trwałości mikrobiologicznej (np. E200, E210).

Wpływ temperatury

Gotowanie nie powoduje zmian oksydacyjnych w warzywach, rybach, ale w olejach – w tych samych warunkach temperaturowych – owszem. Już podczas wydobywania i tłoczenia – przy wysokiej temperaturze – wytwarzają się niekorzystne związki chemiczne, dlatego surowiec trzeba poddać później rafinacji (oczyszczaniu). Ale najbardziej drastyczne zmiany zachodzą podczas smażenia, dlatego trzeba dobrze się zastanowić, czy i na czym smażyć (zachęcam do innych metod obróbki cieplnej).

Jak żyć?

Sporo jest sprzecznych informacji dotyczących tego, jakie oleje warto kupować, na czym smażyć, co dodawać do sałatek i ciast? Odpowiedź nie jest wbrew pozorom taka prosta.

Są dwie zasady, którymi warto się kierować podczas wyboru oleju w sklepie. Po pierwsze, produkty zawierające wysoką zawartość kwasów tłuszczowych NNKT (tych niezbędnych, wielonienasyconych, np. olej lniany) powinny być spożywane na zimno, ponieważ kwasy te są nieodporne na wysoką temperaturę, a także inne czynniki środowiskowe typu światło czy tlen z powietrza. Ponadto olej lniany powinien być trzymamy w butelce z ciemnego szkła, w lodówce i spożywany dość szybko po otwarciu opakowania. Trochę szkoda cennych substancji, za które płacisz, i to niemało. Dodatkowo w wysokiej temperaturze zachodzą reakcje chemiczne, podczas których powstają związki o niekorzystnym działaniu, podwójnie więc nie warto.

Oleje rafinowane, oleje bogate w nasycone kwasy tłuszczowe (np. kokosowy) już trochę lepiej nadają się do wysokiej temperatury (np. do smażenia), ponieważ są bardziej odporne i bezpieczniejsze pod kątem występowania szkodliwych produktów w trakcie obróbki cieplnej.

To jest faktycznie niezła zagwozdka, bo tak naprawdę jest wiele różnorodnych czynników, które należałoby wziąć pod uwagę, wybierając tłuszcz do smażenia. Z jednej strony nie da się generalizować, z drugiej – nie można też pisać o każdym oleju, każdej firmy osobno, a tak właściwie należałoby podejść do tematu, bo różnice bywają znaczne.

Do krótkiego obsmażania wybieram oliwę z oliwek lub olej rzepakowy, natomiast długiego smażenia potraw czy smażenia na głębokim tłuszczu nie stosuję wcale – to fatalny sposób obróbki termicznej. Po prostu.

Co to znaczy, że olej, tłuszcz jest rafinowany?

Rafinacja to, upraszczając, rodzaj oczyszczania, zatem produkt rafinowany będzie pozbawiony niektórych składników, np. barwników, substancji zapachowych, ale również substancji o działaniu prozdrowotnym. W praktyce taki produkt będzie miał bardziej delikatny smak i zapach oraz będzie lepiej nadawał się do obróbki cieplnej, np. do smażenia.

Co z olejem palmowym?

Powiedzmy to sobie raz na zawsze.

Olej palmowy NIE JEST produktem toksycznym.

Olej utwardzony czy częściowo utwardzony – każdy, nie tylko palmowy – jest natomiast składnikiem niepożądanym w naszej diecie.

Kontrowersje związane z olejem palmowym wynikają z kilku różnych przyczyn. Po pierwsze, pochodzenie oleju. Na opakowaniu czasem możesz przeczytać, skąd pochodzi surowiec do otrzymania produktu. Jeśli pochodzi z uprawy nienaruszającej ekosystemu, producent zwykle chwali się tym dużymi literami. Jeśli nie ma informacji, trudno ocenić, co i jak.

Po drugie, forma surowca. W produktach przetworzonych niskiej jakości bardzo często spotkasz się z występowaniem oleju palmowego utwardzonego lub częściowo utwardzonego, co nie jest dobrym rozwiązaniem pod kątem wpływu na zdrowie. Częste spożywanie tłuszczów utwardzonych lub częściowo utwardzonych może mieć szereg negatywnych konsekwencji zdrowotnych. I w końcu, po trzecie, skład oleju palmowego. Proporcje i rodzaj kwasów tłuszczowych występujących w oleju palmowym niestety nie są najszczęśliwsze, jeśli chodzi o własności prozdrowotne. Są to głównie tłuszcze nasycone, które nawet bez spożywania oleju palmowego trafiają do naszego organizmu, ponieważ dość często są zawarte w innych produktach spożywczych. Wybierając rodzaj tłuszczu, kładłabym nacisk na zdecydowaną przewagę tłuszczów nienasyconych, zwłaszcza wielonienasyconych (NNKT), a olej palmowy to w ok. 40% kwasy nasycone, w 40–45% monoenowe (jednonienasycone). W produktach znajdziesz też czasami olej z ziaren palmowych (pod nazwą *palm kernel oil*), który ma jeszcze więcej kwasów nasyconych, bo aż 82%. Czyli gorzej.

Zatem dlaczego olej palmowy jest tak popularny?

Odpowiedź jest banalnie prosta – rafinowany jest tani i łatwy w użyciu.

Ale skoro tłuszcz jest kaloryczny, to chyba nie ma co spożywać go za dużo, a może najlepiej nie jeść go wcale?

To jest błędne założenie, o poważnych negatywnych konsekwencjach, jeśli chodzi o wpływ na nasze zdrowie.

Po pierwsze, rezygnując z tłuszczu, rezygnujemy również z dostarczania do organizmu większych ilości witamin rozpuszczalnych w tłuszczach (witaminy A, D, E, K), co ma poważne negatywne skutki.

Po drugie, tłuszcze, które dostarczamy do organizmu, są wykorzystywane nie tylko jako źródło energii, ale również jako składniki budulcowe do syntezy różnych substancji niezbędnych w organizmie, np. hormonów. Dieta beztłuszczowa (jeśli nie jest zalecona przez lekarza) może doprowadzić do bardzo poważnych zaburzeń w organizmie. Jeśli chcesz się odchudzać, pomyśl o zmniejszeniu ilości cukrów dodanych w diecie, aktywności sportowej, a nie wyeliminowaniu tłuszczu.

Tłuszcz mleczny

Rozważania na ten temat pojawiają się często w kontekście wybierania nabiału chudego lub tłustego.

Przewaga tłuszczów roślinnych to lepszy wybór niż odzwierzęcych (np. boczek, smalec itp.), ale trzeba uczciwie przyznać, że tłuszcz mleczny to oddzielna kategoria. Znaczna część składników mleka, w tym wiele witamin i składników mineralnych, jest biologicznie związana z tłuszczem mlecznym, w związku z tym w tej postaci jest najlepiej wchłaniana i wykorzystywana. Ponadto składniki tłuszczu mlecznego to nie tylko źródło energii, ale też materiał budulcowy, np. dla najważniejszych narządów, jakimi są mózg i układ nerwowy. A poza tym, w odróżnieniu od innych lipidów występujących w produktach spożywczych, tłuszcz mleczny ma specyficzny skład: zidentyfikowano tu ponad 400 kwasów tłuszczowych, z czego dużą część stanowią kwasy krótko- i średniołańcuchowe. Czyli dość przystępne pod kątem wykorzystania.

Masło

Dobra wiadomość jest taka, że w końcu – po wieloletnich bojach, potyczkach, wygranych i przegranych bitwach – masło wraca na salony. Zła natomiast to cena, z jaką wraca, bo jak się okazuje, masło zaczyna być produktem luksusowym!

Margaryna

Nadal funkcjonuje w społeczeństwie przyzwolenie na stosowanie i spożywanie margaryn zawierających tłuszcze utwardzane i częściowo utwardzane (zapytaj w ulubionej cukierni, jakiego tłuszczu używają do twojego ulubionego ciasta!), ale przyznam, że śledząc rynek spożywczy, obserwuję zmiany na lepsze, co potwierdzają również przeprowadzone przez naukowców badania oznaczania składu kwasów tłuszczowych w produktach obecnych na rynku polskim. Producenci w końcu zaczynają się orientować, że konsument nie jest bezmyślnym analfabetą i nie da mu się już tak łatwo wcisnąć śmieci opartych na litrach syropu cukrowego z najtańszą margaryną. W napojach kawowych w proszku typu 3 w 1, w wyrobach cukierniczych itd. następuje powolne wycofywanie się z używania tłuszczów utwardzanych i częściowo utwardzanych, o czym producent prawie zawsze radośnie informuje z przodu opakowania. I dobrze!

Asortyment

Masło

To produkt z mleka. Jeśli na opakowaniu jest słowo „masło", to znaczy, że to, co trzymasz w ręku, **nie może zawierać innych rodzajów tłuszczów.** Naturalnie producenci próbują obejść temat i w opakowaniach łudząco przypominających opakowanie masła (żeby nie powiedzieć wręcz identycznych) przemycają różne dziwne miksy, najczęściej z tłuszczem palmowym, bo jest najtańszy. Różnica jest tylko taka, **że nie mają prawa użyć słowa „masło"**, zatem na opakowaniu możesz znaleźć różne dziwne napisy masłopodobne.

Na opakowaniu masła często nie ma podanego składu. Nie ma w tym nic złego. Za to musi być podana zawartość tłuszczu. Jeśli jest 82%, wszystko jest w porządku. Jeśli mniej, koniecznie sprawdź, czy na pewno jest to masło.

Margaryna

Są różne rodzaje margaryn, np. kubkowa, kostkowa, ciekła (smażenie), przemysłowa (specyficzny skład), miksy (margaryny z masłem i olejem), funkcjonalna (zawierająca stanole i sterole roślinne) obniżająca poziom cholesterolu.

Absolutnie **dyskwalifikującym składnikiem** jest jakikolwiek tłuszcz częściowo (lub całkowicie) utwardzony, zatem jeśli w składzie produktu do smarowania pieczywa lub do pieczenia znajdziesz dowolny surowiec utwardzony (uwodorniony) lub częściowo utwardzony, zrób przysługę swojemu organizmowi i więcej go nie kupuj.

Margaryna o smaku maślanym

Oleje roślinne: palmowy (35%) i rzepakowy, tłuszcz roślinny palmowy całkowicie utwardzony, woda, emulgatory: mono- i diglicerydy kwasów tłuszczowych, lecytyna (z soi), sól 0,3%, substancja konserwująca: sorbinian potasu, regulator kwasowości: kwas cytrynowy, aromat, barwniki: annato, kurkumina, witaminy A, D, E.

Masła brak. Jeśli jest tłuszcz utwardzony, to dla mnie „na dzień dobry" dyskwalifikacja.

Śmietankowy smak

Tłuszcz roślinny (63%), tłuszcz mleczny (7%) mleko odtłuszczone, maślanka, karoteny, aromaty naturalne: jogurtowy, maślany, emulgator E-471.

To nie jest masło mimo niemal identycznego opakowania. Nie ma tłuszczów utwardzonych czy częściowo utwardzonych, a więc bez dramatu. Tyle że jeśli chciałaś kupić zwykłe masło, możesz się nieźle zdziwić, bo opakowanie jest naprawdę łudząco podobne.

Oliwa

Do wyboru są różne rodzaje oliwy:

- **ekstra oliwa z pierwszego tłoczenia** (*extra virgin*) – najwyższa kategoria, kwasowość poniżej 0,8% – stosuj raczej na zimno,
- **oliwa z pierwszego tłoczenia** (*virgin olive oil*) – kwasowość poniżej 2% – na zimno i do obsmażania,
- **oliwa mieszana** – rafinowana z niewielką ilością oliwy z pierwszego tłoczenia (*pure olive oil*) – możesz używać do obróbki cieplnej,
- **oliwa z wytłoczyn z oliwek** (*sansa* lub *pomace oil*) – uzyskana w drodze chemicznej obróbki masy pozostałej z tłoczenia oliwek. Hmmm...

Cenowo łatwo rozróżnić. Przykładowo oliwa z oliwek najwyższej jakości z pierwszego tłoczenia to koszt rzędu 40 zł za 1 litr. Dla

porównania – oliwa z wytłoków z oliwek tej samej firmy to ok. 20 zł za 1 litr. Czyli 2 razy taniej.

Co robić, gdy kochasz olej palmowy lub kokosowy?

Do spożywania na zimno wybieraj oleje nierafinowane (nieoczyszczone, surowe) ze znanego źródła. Jeśli na opakowaniu nie ma informacji na temat pochodzenia surowca, możesz sprawdzić to w Internecie lub zapytać producenta. Kokosowego możesz śmiało używać, byle na zmianę z innymi olejami. Brak urozmaicenia jest niezbyt dobrym pomysłem, choćby promowała go nawet ulubiona gwiazda TV.

Co do smarowania?

Awokado, masło, oliwa extra virgin, ewentualnie najwyższej jakości (czyli BEZ tłuszczu częściowo utwardzonego) margaryny.

Co do pieczenia?

Masz wybór, nie musi to być non stop margaryna. Widziałam przepisy ciast na oliwie, rzepaku. Nie zawsze przecież pieczesz ciasto w temperaturze 200°C, prawda? Zdecydowanie wystrzegaj się margaryn z wysoką zawartością tłuszczów trans. Tak, tych margaryn, których „od zawsze używałaś" (oleje częściowo utwardzone się kłaniają).

7 *Ale jaja*

Trzeba przyznać, że z zakupem jaj zaczyna być coraz większa zabawa. Często obserwuję na półkach sklepowych nadawanie jajkom bajkowych epitetów, które mają zachęcić nas – konsumentów – do zakupu właśnie tego (bajkowego) produktu. Pomijając już takie oczywistości jak „luksusowe", „premium" czy „prawdziwe wiejskie", jajka zaczynają być „wielozbożowe", „omega-3", „świeże", „ekskluzywne". Czekam, aż ktoś napisze na jajkach coś w stylu „zawierają żółtko", „wyselekcjonowane" (moje ulubione określenie) oraz oczywiście „wersja sportowa", „fit", „fitness" itd. Wszystko przed wami, drodzy hodowcy.

- **Po co je jemy:** ze względu na skład aminokwasowy białka i cenne składniki zawarte w żółtku.
- **Czy można nie jeść:** tak.
- **Ile jeść:** na pewno nie kilogramy, ale (jeśli lekarz nie zaleca inaczej) teorie w stylu „tylko jedno dziennie" włóż między bajki. Wszystko zależy od tego, co jesz poza jajkami i jaką masz aktywność sportową.
- **Na co uważać:** na jajka bez numerków, ale „pani kochana, superwiejskie, 100% ekologiczne". Niestety jajka od tej miłej starszej pani na straganie to loteria.
- **Czego się nie bać:** różnych kolorów, wielkości.

Kilka uwag

Białko jajka charakteryzuje się najwyższą strawnością rzeczywistą w porównaniu ze wszystkimi innymi znanymi białkami, które jesz na co dzień. Białko jaja ma również bardzo korzystny skład aminokwasów, szczególnie dużo zawiera aminokwasów egzogennych, których organizm sam nie wytwarza i muszą być dostarczane z pożywieniem, czyli metioniny, lizyny i treoniny. Jest to cenny surowiec dla osób potrzebujących białka, zwłaszcza gdy jesteś zmęczona jedzeniem mięsa.

Jajko zawiera również substancje mineralne, prawie wszystkie witaminy i – co ważne – składniki te charakteryzują się dużą przyswajalnością. Tłuszcz i cholesterol występują głównie w żółtku, skład kwasów tłuszczowych jest nie najgorszy.

Alergie pokarmowe

Rzeczywiście białko jaja może uczulać, znajduje się nawet na liście pokarmów najczęściej uczulających. Czasami obróbka termiczna eliminuje alergenność poszczególnych białek, ale nie wszystkich. Owomukoid nie ulega denaturacji nawet w temperaturze 100°C.

Cholesterol

Kiedyś nie wolno było jeść zbyt dużej liczby jaj, teraz okazuje się, że nie bardzo ma to wpływ na poziom cholesterolu w organizmie. Ważne są też poziomy innych substancji, np. nienasyconych kwasów tłuszczowych, więc nawet jak jesz dwa jajka dziennie – raczej nie spowoduje to znacznego zwiększenia poziomu cholesterolu, jeśli twoja dieta jest dobrze zbilansowana. W razie wątpliwości lub występowania chorób towarzyszących najlepiej będzie skonsultować ten temat z lekarzem.

Asortyment

Numerki

Na jajkach są różne cyferki – są to kody województwa, powiatu, zakresu działalności oraz kod fermy.

Numerki

0 – jaja z produkcji ekologicznej
1 – jaja z chowu na wolnym wybiegu
2 – jaja z chowu ściółkowego
3 – jaja z chowu klatkowego

Z punktu widzenia etycznego najlepiej wybierać jaja „zerówki" lub „jedynki". Różnice w składzie jaj między poszczególnymi rodzajami nie są duże.

Jaja projektowane

Rzeczywiście funkcjonuje takie pojęcie, zwłaszcza w kontekście nutraceutyków (tzw. żywności leczniczej). Możliwe jest np. zwiększenie zawartości kwasów n-3, poprawa stosunku zawartości n-3 do n-6, wpływ na ilość cholesterolu itp. Zmian takich można dokonać np. na drodze selekcji kur niosek, modyfikacji zawartości poszczególnych składników w pożywieniu zwierząt lub farmakologicznie.

Jakość

Jakość jaj na etapie produkcji surowca zależy od pochodzenia niosek, sposobu żywienia, wieku i pory nieśności, profilaktyki weterynaryjnej,

zastosowanych systemów chowu, warunków zoohigienicznych utrzymania ptaków oraz sposobu i warunków dystrybucji surowca.

Uwaga

Jaja po zakupie nie powinny być myte ani czyszczone, jeśli chcesz je przechowywać, ze względu na możliwość uszkodzenia barier fizycznych takich jak kutikula, co może nastąpić np. w trakcie mycia.

8 *Ryba prosto z kutra*

Nie ma co oszukiwać, że Bałtyk jest krystalicznie czystym zbiornikiem wody, a ryby zawierają wyłącznie cenne składniki – to nieprawda. Mimo wszystko warto jeść ryby, zwłaszcza te tłuste morskie, ponieważ zalety przewyższają wady. Naturalnie możesz pochlipać w kąciku nad zanieczyszczeniem środowiska oraz sytuacją rybołówstwa na świecie, ale jeśli tylko jesz mięso, ryby powinny zajmować w twoim jadłospisie zaszczytne pierwsze miejsce. Dlatego nie przejmujmy się rzeczami, na które nie mamy wpływu, a naszą energię skupmy na momencie podejmowania świadomej decyzji: którą rybę wybrać. Oczywiście trudno nam będzie całkowicie oczyścić Morze Bałtyckie, ale możemy jeść mniej byle czego na co dzień i wybierać ryby uznawane za mniej zanieczyszczone czy te należące do gatunków niezagrożonych.

- **Po co je jemy:** ryby to nie tylko zdrowe tłuszcze i witaminy, to również całkiem niezłe źródło białka.
- **Czy można nie jeść:** teoretycznie tak, ale wtedy warto suplementować NNKT, bo organizm sam ich nie wytworzy, a jak sama nazwa wskazuje – są one niezbędne.
- **Ile jeść:** przyjmijmy, że minimum raz w tygodniu ryba.
- **Na co uważać:** na ryby drapieżne (np. szczupak, rekin, tuńczyk, miecznik) oraz ryby wędzone na gorąco. Zwłaszcza wędzone w warunkach domowych.

Czego się nie bać: tego, że jedna porcja ryby w tygodniu cię zabije. Całkowite zrezygnowanie z ryb, „bo są zanieczyszczone", to duży błąd.

Kilka uwag

W ciągu ostatnich kilkunastu lat asortyment polskiego rynku przetworów rybnych bardzo się zmienił. Obecnie możesz wybierać między dziesiątkami wyrobów należących do różnych grup towarowych. Niestety polskie rybołówstwo, podobnie jak rybołówstwo innych krajów europejskich, boryka się z wieloma trudnościami spowodowanymi m.in. degradacją ekosystemu morskiego, błędami popełnionymi w zarządzaniu rybołówstwem, a także koniecznością zaakceptowania regulacji prawnych Wspólnej Polityki Rybackiej Unii Europejskiej.

Skład

• BIAŁKO

Skład podstawowy mięsa ryb jest zbliżony do mięsa zwierząt rzeźnych i drobiu, ale ryby zawierają więcej wody, a mniej białek tkanki łącznej. Niska zawartość kolagenu i prawie zupełny brak elastyny sprawiają, że mięso ryb jest łatwo strawne, szybciej uzyskuje dojrzałość kulinarną, ale równocześnie jest bardziej podatne na uszkodzenia mechaniczne.

Skład chemiczny mięsa ryb pod względem ilościowym i jakościowym jest różny i zależy od gatunku, wieku, miejsca żerowania i rodzaju pożywienia oraz czasu i sposobu połowu, a także wielu czynników związanych z transportem i przygotowaniem do obrotu (np. zabiegi utrwalające i konserwujące).

Zawartość białka wynosi 10–25% i jest to białko pełnowartościowe, **łatwo przyswajalne** (aż 97%!). Zaledwie 3–5% stanowią niepełnowartościowe białka tkanki łącznej, podczas gdy w białku zwierząt rzeźnych znajduje się ok. 16% tego rodzaju substancji.

• TŁUSZCZ

Tłuszcz zawarty w rybach jest jedynym, naprawdę zdrowym tłuszczem zwierzęcym, ma wysoką przyswajalność (92%), jest źródłem witamin A, D oraz z grupy B. W składzie lipidów rybnych przeważającą część (ponad 70%) stanowią kwasy mono- (21–42%) i polienowe (wielonienasycone) (26–45%). Szczególne znaczenie żywieniowe mają długołańcuchowe polienowe kwasy tłuszczowe z grupy omega-3, wykazujące właściwości niezbędnych nienasyconych kwasów tłuszczowych (NNKT). Kwasy tłuszczowe z grupy omega-3 są biochemicznymi pochodnymi kwasu alfa-linolenowego. Biochemiczne przemiany tego kwasu prowadzą do wytworzenia kwasu eikozapentaenowygo (EPA), a następnie dokozaheksaenowego (DHA). Kwasy omega-3 chronią nas przed chorobami serca i nadciśnieniem tętniczym, działają przeciwzakrzepowo, zapobiegają tworzeniu się zatorów w tętnicach i żyłach, obniżają ciśnienie krwi, mają silne działanie przeciwmiażdżycowe, wpływają także korzystnie na rytm pracy serca i mózgu, poprawiając jego ukrwienie i usprawniając procesy poznawczo-myślowe. Osoby, które jedzą dużo ryb, są sprawniejsze umysłowo w starszym wieku i znacznie rzadziej zapadają na chorobę Alzheimera. Dieta bogata w ryby ma też działanie antydepresyjne. Ponadto kwasy omega-3 obecne w rybach hamują wzrost komórek nowotworowych, zatrzymują ich rozsiew po zabiegu operacyjnym i pomagają w rekonwalescencji po chemio- i radioterapii. Szczególnie bogate w kwasy omega-3 są tłuste ryby morskie, takie jak łosoś, makrela, śledź, a zawartość tłuszczu zależy od pory roku (np. ryby po tarle zawierają go mniej).

• WITAMINY I SKŁADNIKI MINERALNE

Mięso ryb tłustych zawiera witaminy A, D i E. Witamina A chroni oczy, wpływa na stan skóry i wspomaga układ odpornościowy. Witamina D zapobiega chorobom układu kostnego i odwapnieniu kości. Witamina E opóźnia procesy starzenia się, poprawia wygląd i stan skóry, chroni przed rozwojem miażdżycy i przyspiesza regenerację organizmu.

Szczególne znaczenie żywieniowe mają też składniki mineralne. W rybach występują wszystkie makro- i mikroelementy niezbędne w żywieniu człowieka. Stężenie mikroelementów w jadalnych częściach zwierząt morskich jest wielokrotnie wyższe niż w roślinach i produktach mlecznych. Surowce morskie są najlepszym źródłem związków jodu, fosforu i selenu. Podkreśla się też zawartość wapnia – najwięcej zawierają konserwy z całych ryb drobnych, takich jak szprot, sardynka, oraz marynaty i ryby solone.

Ryby są też bogatym źródłem witamin rozpuszczalnych w wodzie, szczególnie z grupy B (zawartość biotyny jest wyższa niż w wołowinie).

Zanieczyszczenia

Bardziej zanieczyszczone, np. metylortęcią, są ryby starsze, drapieżne w porównaniu z młodszymi, planktonożernymi, ponieważ szkodliwe substancje kumulują się w łańcuchu pokarmowym (mała ryba jest zjadana przez większą, która jest zjadana przez jeszcze większą itd.). Metylortęć gromadzi się przede wszystkim w tkance mięśniowej ryb, głównie pod postacią połączeń z cysteiną. Addukty te przypominają biochemicznie i molekularnie metioninę, stąd łatwość ich przenikania przez barierę łożyskową oraz krew – mózg. Obieranie ryb ze skóry czy ich obróbka termiczna nie zmniejszają zanieczyszczenia. Pamiętaj, że jedząc rybę raz w tygodniu (zwłaszcza inną niż drapieżna), ryzyko przekroczenia bezpiecznego poziomu jest niewielkie. Jedynie u konsumentów spożywających bardzo dużo ryb i owoców morza ilość rtęci może przekroczyć wartości tolerowane przez organizm.

W rybach nadal obecne są niektóre pestycydy używane wcześniej (mimo wycofania ich z użycia już lata temu), ze względu na wysoką oporność na degradację. Ale nie jest to problem związany wyłącznie z rybami – zawartość szkodliwych substancji jest obserwowana również w mięsie, mleku itd.

Zanieczyszczone są też ryby wędzone. Skład dymu zależy od gatunku i wilgotności drewna, dostępu powietrza itp. Dym, którym wędzi się ryby, to mieszanina aż kilkuset różnych związków, a część z nich przenika w głąb ryby, nadając jej charakterystyczny smak i zapach oraz trwałość. Warto pamiętać, że wędzenie tradycyjne na gorąco, czyli opalanie drewnem, które wydaje ci się takie super, bo „domowe", to aż 15–20 razy więcej benzo-a-pirenu (szkodliwa substancja!) na skórze ryby w porównaniu z nowoczesnym wędzeniem, w którym wykorzystuje się np. aerozol (czyli koncentrat dymu).

Świeżość

Ryby i bezkręgowce morskie są zaliczane do bardzo nietrwałych surowców ze względu na delikatną strukturę mięsa oraz podatność na rozwój mikroflory bakteryjnej. Świeża ryba ma swoisty dla gatunku zapach, lśniące, wypukłe i przejrzyste oczy, przylegającą do skóry lśniącą łuskę, jasnoczerwone lub różowe skrzela bez śluzu, a mięso w dotyku jest jędrne i sprężyste. Świeżość można także sprawdzić po ogonie, który nie zwisa, gdy świeżą rybę położysz na dłoni. Wyjątkiem są ryby rozmrożone, które mimo że są świeże, mają mięso miękkie, mniej jędrne i ogon zwisający.

Ryba nieświeża ma łuskę pokrytą śluzem, łatwo odpadającą, tkankę uszkodzoną w miejscu osadzenia płetw, skrzela białe lub szarobrunatne, pokryte śluzem, mięso miękkie, oczy mętne, wklęsłe, nieświecące. Nie ryzykuj, taką rybę natychmiast wyrzuć.

Histamina

W mięsie niektórych ryb znajdują się spore ilości histydyny (wolna lub w łańcuchu białkowym), z której pod wpływem bakterii powstaje histamina. Zawartość na poziomie 100 mg na 100 g ryby może spowodować zatrucie. W rybach o ciemnym mięsie po kilku dniach przechowywania powstaje kilkaset mg histaminy na 100 g! Spożycie nawet niewielkiej ilości nieświeżej ryby (100 g to naprawdę mały kawałek) może zakończyć się zejściem – nie warto ryzykować.

Surowa czy przetworzona?

Jeśli spożywasz nieświeżą surową rybę lub surowiec z podejrzanego źródła, narażasz się na niebezpieczeństwo związane np. z zanieczyszczeniem mikrobiologicznym. Uwierz, gorsze są konsekwencje zatrucia pasożytami niż zjedzenie smażonej czy wędzonej ryby. Surowych ryb (np. w przypadkowych restauracjach) powinny też unikać określone grupy osób, np. kobiety w ciąży, osoby z obniżoną odpornością.

Generalnie obróbka cieplna (ta w optymalnych warunkach) wpływa korzystnie na wartość biologiczną produktów żywnościowych, zwiększa strawność niektórych białek i węglowodanów, inaktywując inhibitory enzymów trawiennych oraz termolabilne (wrażliwe na temperaturę) czynniki szkodliwe dla zdrowia, np. związki wiążące składniki niezbędne w odżywianiu. Plus najważniejsza zaleta: odpowiednio wysoka temperatura niszczy bakterie powodujące zatrucia oraz zakażenia pokarmowe i pasożyty.

Oczywiście prawdą jest też to, że nadmierne ogrzewanie żywności bogatej w białko zmniejsza biologiczną dostępność wielu aminokwasów, przede wszystkim wskutek utrudnienia trawienia. Ale chodzi tu raczej o długotrwałe ogrzewanie w bardzo wysokiej temperaturze przez kilka godzin, zwłaszcza smażenie na starym oleju, co sprzyja również niekorzystnym chemicznym zmianom lipidów i witamin. Czyli duszona do ścięcia białka ryba – tak! Smażona pół dnia na starym oleju – NIE.

Asortyment

Kluczowe pod względem wyboru wydaje się branie pod uwagę, czy wybrana przez nas ryba została wyhodowana i złowiona w sposób możliwie najbardziej przyjazny dla środowiska. Warto zwrócić uwagę na certyfikaty: certyfikat MSC (dla ryb dziko żyjących) oraz certyfikat ASC (dla ryb hodowlanych). Idea tzw. zrównoważonych połowów to pozyskiwanie odpowiednich ryb na dopuszczalnym poziomie przy jednoczesnym oszczędzaniu ławic znajdujących się w gorszej kondycji plus stosowanie zrównoważonych technik połowowych, które mają na celu m.in. zapewnienie długoterminowej ochrony zasobów ryb oraz innych elementów morskiego ekosystemu. Organizacja WWF ostrzega, że jeśli nie podejmiemy żadnych działań, za 40 lat ryb w morzach i oceanach może zabraknąć! Zaleca też różnorodność, eksperymentowanie: kupowanie różnych ryb i owoców morza wymusza na producentach większą różnorodność. To z kolei sprawia, że rybacy ograniczą nadmierne połowy najpopularniejszych zagrożonych gatunków. Warto również pamiętać, że zawartość cennych substancji w mięsie ryb zależy od sposobu żywienia. Jeśli masz dostęp np. do łososia dzikiego, wybieraj właśnie taką rybę zamiast hodowlanej.

Ryby morskie

- **Śledziowate**, np. śledź, sardynka, szprot – średnia zawartość tłuszczu waha się w granicach od 10 do 15%, a więc całkiem sporo!
- **Dorszowate**, np. dorsz, morszczuk, mintaj – ryby dość chude (średnio 0,5–1%).
- **Łososiowate** – mięso tłuste, zawartość tłuszczu ok. 15%. Przypominam: sprawdź, czy masz dostęp do łososia dzikiego zamiast non stop kupować hodowlanego.
- **Makrelowate**, np. tuńczyk, makrela. Tuńczyk to duża ryba drapieżna o chudym mięsie. Kupuj raczej rzadko. Makrela to popularna (niektóre należą do najważniejszych ryb w gospodarce światowej) ryba o tłustym mięsie.
- **Flądrowate**, np. flądra, gładzica, halibut – mięso tłuste lub średnio tłuste, halibut to duża, drapieżna ryba (kupuj raczej rzadko).
- **Solowate**, np. sola – mimo smacznego, chudego mięsa jest to ryba drapieżna (i wiesz, co chcę przez to powiedzieć).

Ryby słodkowodne

- **Karpiowate**, np. karp – 3% tłuszczu, lin – 1,5%, leszcz – 4%.
- **Łososiowate**, np. pstrąg, sieja, sielawa – 8–12% tłuszczu.

Mięso pstrągów źródlanych i potokowych ma zabarwienie łososiowe, a pstrągów hodowlanych – białe (zawartość tłuszczu 1–7%).

- **Szczupakowate**, np. szczupak – ryba drapieżna!
- **Węgorzowate**, np. węgorz – wysoka zawartość tłuszczu, ale jest to ryba drapieżna.

Owoce morza

Mięso jadalnych bezkręgowców ma walory odżywcze i dietetyczne. Mięczaki i skorupiaki są dobrym źródłem wartościowego białka, którego zawartość w surowym mięsie wynosi do 20%, zawierają też niewielkie ilości tłuszczu. W porównaniu z rybami bezkręgowce morskie mają mniej białka i tłuszczów, ale więcej składników mineralnych.

Skorupiaki, z wyjątkiem krabów, wyróżniają się wysoką zawartością cholesterolu (zwłaszcza ostrygi i kalmary), ale trzeba dodać, że mięczaki i skorupiaki zawierają też duże ilości innych steroli, które w znacznym stopniu zmniejszają przyswajanie cholesterolu.

Owoce morza są najlepszym źródłem jodu (krewetki i ostrygi), dobrym źródłem selenu i fluoru. Skorupiaki i mięczaki zawierają dużo wapnia, a ostrygi są najbogatszym w diecie naturalnym źródłem cynku.

Ryby wędzone

Już wiesz, że dym wędzarniczy jest mieszaniną dużej ilości związków chemicznych, dzięki czemu oprócz walorów smakowo-zapachowych ma też działanie przeciwutleniające, bakteriobójcze i bakteriostatyczne. Niestety w dymie drzewnym obecne są znaczne ilości WWA (wielopierścieniowych węglowodorów aromatycznych), a ponieważ wędzenie na gorąco prowadzi się przez 1,5–4 godzin w temperaturze 120–140°C, wpływa to niekorzystnie na jakość. Dlatego niektórzy producenci ogrzewają rybę do niższej temperatury, prowadząc wędzenie na zimno (20–30°C, od 24 do kilkudziesięciu godzin). Podczas procesu na zimno wykorzystuje się preparaty dymu wędzarniczego, wytwarzane z produktów suchej destylacji drewna lub z dymu wędzarniczego. Część substancji z dymu lub preparatu wędzarniczego osadzonych na powierzchni produktu przenika w głąb, co nadaje charakterystyczny smak i zapach. Na szczęście zawierają one znacznie mniej szkodliwych WWA niż dym wędzarniczy. Na opakowaniu lub u sprzedawcy znajdziesz informacje dotyczące sposobów wędzenia.

Marynaty rybne

Marynowanie to przedłużanie trwałości przy użyciu octu i soli. Zakwaszanie należy do najstarszych metod utrwalania i przetwarzania surowców rybnych. W procesie marynowania utrwalające działanie na ryby ma obniżone pH i kwas octowy oraz jego sole. Produkty marynowane traktuj raczej jako urozmaicenie, a nie podstawowe źródło ryb w diecie.

Ryby mrożone

Nie musisz obawiać się tego typu asortymentu. Ryby zamraża się w stanie niepatroszonym, bezpośrednio na statkach rybackich, w postaci tusz lub jako filety. Ryby tłuste mogą być wykorzystywane do produkcji mrożonek, pod warunkiem stosowania pakowania próżniowego lub pakowania w atmosferze modyfikowanej, ewentualnie wykorzystania przeciwutleniaczy lub dymu wędzarniczego jako czynnika hamującego autooksydację lipidów. W zamrożonych prawidłowo rybach ubytek cennych substancji to zaledwie kilka procent przy kilkumiesięcznym okresie przechowywania (np. trzy miesiące).

Ryby solone

Zmiany w składzie ryb solonych sprawiają, że produkt staje się przydatny do spożycia bez obróbki cieplnej. Zmiany te dotyczą głównie białek, w mniejszym stopniu lipidów. W zmianach tych, zwanych dojrzewaniem, biorą udział enzymy własne ryb. W konsekwencji wytworzone są odpowiednie cechy sensoryczne (smakowo-zapachowe) mięsa ryb. Utrwalające działanie soli kuchennej polega na oddziaływaniu bakteriostatycznym związanym z wysokim ciśnieniem osmotycznym, a także obniżeniem rozpuszczalności tlenu.

Konserwy

Konserwy rybne to produkty poddane sterylizacji cieplnej lub innym procesom, co powoduje zniszczenie mikroorganizmów w takim stopniu, aby uniemożliwić ich rozwój niezależnie od temperatury przechowywania.

Niestety ogrzewanie konserwy w warunkach zapewniających sterylność handlową powoduje również zmianę zawartości, np. straty witamin i innych składników odżywczych. Ponadto w produktach przechowywanych w puszkach mogą wzrosnąć ilości żelaza i cyny, jednak nie powinny one przekraczać dopuszczalnych wartości granicznych. •

Konserwa rybna

Szprot rozdrobniony – 20%, rozdrobnione mięso z łososia – 20%, woda, kapusta, ryż, olej rzepakowy, marchew, koncentrat pomidorowy, sól, błonnik sojowy, cebula, przyprawy.

Całkiem w porządku skład.

Tuńczyk z warzywami

Mieszanka warzyw i zbóż – 49% (marchew, jęczmień, orkisz, soczewica zielona, papryka czerwona, kukurydza, sól), tuńczyk – 25%, białko pszenne, woda, olej rzepakowy, rafinowana oliwa z oliwek.

Niezły pomysł dla fanów tuńczyka. Byle NIE codziennie.

Pasta rybna

Olej rzepakowy, łosoś wędzony –29%, woda, ikra ryb, sól, cukier, przecier pomidorowy, płatki ziemniaczane, błonnik ziemniaczany, włókno cytrusowe, ocet spirytusowy, substancje konserwujące: E211, E202, stabilizator: E415, przeciwutleniacz: E300.

To ja może podziękuję. Chciałam kupić rybę, nie olej z dodatkiem ryby.

9 *Wszystko, czego nie chcesz wiedzieć o mięsie*

Nie mam zamiaru zmuszać cię do odstawienia mięsa – szanuję twoje decyzje i wybory, nie oceniam. Z pewnością nie mam też ochoty na wojenki z całym mięsnym światkiem i aktualnie umywam ręce od prowadzenia narodowej dyskusji na temat warunków hodowli i uboju zwierząt. Jedyne do czego zachęcam: zastanów się nad ilością posiłków mięsnych w swojej diecie. Pod względem zdrowotnym mięsa powinno być raczej mniej niż więcej.

- **Po co je jemy:** ze względu na białko. Mięso zawiera też witaminy i składniki mineralne.
- **Czy można nie jeść:** tak, ale trzeba pamiętać o mądrym zrównoważeniu białkiem roślinnym, witaminach D i B_{12}.
- **Ile jeść:** słabej jakości wędlin, parówek, pasztetów i całego mięsa przetworzonego nie polecam wcale. „Normalne" mięso, to zależy! Ale z pewnością nie siedem razy w tygodniu.
- **Na co uważać:** na azotyn sodu w mięsie przetworzonym, zepsute, niebadane mięso (zwłaszcza jeśli lubisz surowe).
- **Czego się nie bać:** azotynu sodu i konserw mięsnych, jeśli jedziesz na biwak. ZDECYDOWANIE lepsze jest mięso z konserwantem lub sterylizowane niż zagrożenie mikrobiologiczne. Kobiety w ciąży i osoby z obniżoną odpornością powinny uważać na mięso surowe oraz podawane na zimno, podejrzanego pochodzenia (np. w restauracjach, na imprezach).

Kilka uwag

MOM – mięso oddzielone mechanicznie

Mimo że w nazwie jest słowo „mięso", jest to raczej „surowiec" niż mięśnie zwierząt, nazywane mięsem. Mówiąc kolokwialnie, są to „resztki", takie jak elementy miękkie, tkanka mięśniowa, skóra, tłuszcz oraz ewentualnie małe odłamki kostne, przeciśnięte pod wpływem wysokiego ciśnienia przez cylindryczne sita z otworami lub szczelinami na głowicy urządzenia odkostniającego. Miękka masa mięsno-tłuszczowa zawierająca dużo tłuszczu, tkanki łącznej, barwników hemowych oraz pozostałości resztek kostnych jest tak naprawdę surowcem o obniżonej funkcjonalności. Dlatego za każdym razem, gdy widzisz w składzie parówek, pasztetu lub innego mięsnego gotowca MOM (często napisany pełną nazwą dla niepoznaki), odłóż produkt na półkę.

Białko

Białka to najcenniejsze składniki części jadalnych mięsa, ponieważ dostarczają organizmowi aminokwasów egzogennych, czyli takich, których nie potrafimy sami syntetyzować. Jeśli nie będziemy dostarczać aminokwasów egzogennych, spowoduje to zaburzenia przemian metabolicznych – nie będziemy mogli budować własnych białek ustrojowych. Pamiętaj, że mięso nie jest jedynym na świecie źródłem aminokwasów egzogennych – jak nie ma mięsa, to nie jest dramat. Zamiast mięsa zestaw aminokwasów możesz dostarczyć też ze źródeł roślinnych, mądrze komponując jadłospis.

Wartość biologiczna białek mięsa drobiowego jest nieco większa niż dużych zwierząt rzeźnych, bo mięso to zawiera więcej białka ogólnego oraz mniej niepełnowartościowego białka – kolagenu. Najbogatsze są mięśnie piersiowe indyków (25%) i kurcząt (23%), te udowe to o 3–4% mniej białka.

Tłuszcz

Nawet najbardziej chude mięso zawiera pewną ilość tłuszczu, a jeśli chodzi o zawartość – ilość kwasów tłuszczowych, podobnie jak w przypadku ryb, zależy od sposobu karmienia zwierząt. Przykładowo, ilość sprzężonych dienów kwasu linolowego (CLA) w mięsie udźca wołowego jest wyższa u zwierząt wypasanych na pastwisku niż u zwierząt, którym podawano mieszanki paszowe. Najlepszym źródłem CLA jest tłuszcz z mleka oraz tłuszcz zawarty w mięsie przeżuwaczy. Korzystniejszy skład kwasów tłuszczowych natomiast ogólnie obserwuje się w mięsie drobiowym – występuje tu przewaga kwasów nienasyconych, ale za to szybciej ulegają one procesom utlenienia.

Składniki mineralne i witaminy

Mięso jest dobrym źródłem substancji mineralnych, np. łatwo przyswajalnego żelaza, cynku, miedzi, fosforu i siarki oraz witaminy B_{12}, z którą (podobnie jak z żelazem) może być problem, jeśli chodzi o źródła roślinne (dlatego pomyśl o suplementacji, jeśli nie jesz mięsa).

Wartość odżywcza

Nie oszukujmy się – pełnowartościowe białko to np. produkty tradycyjne z całych mięśni. Ważna jest też strawność, która zależy od składu i stopnia rozdrobnienia oraz zabiegów technologicznych. I tak obróbka cieplna poniżej 100°C poprawia strawność, wędzenie i sterylizacja – pogarsza.

Wartość żywieniowa produktów może ulec obniżeniu na skutek zwiększenia się w produkcie ilości białek niemięsnych lub niepełnowartościowych. Wymiana białka mięśniowego na preparaty białkowe w produkcie obniża wartość żywieniową ze względu na odmienny skład aminokwasowy i niedobór pewnych aminokwasów egzogennych w preparatach. To oznacza, że jeśli kupujesz wędlinę, powinnaś zwrócić uwagę na to, ile faktycznie jest w składzie mięsa, bo może się okazać, że troszkę mało. Dla mnie mało to np. poniżej 93% mięsa.

Nie chcesz tego czytać

Jeśli nie jesz mięsa, daruj sobie następny akapit.

Jeśli jesz mięso, opowiem ci bajeczkę o przetwórstwie mięsnym, zwłaszcza o uboju trzody chlewnej.

Dowiesz się z niej, że proces uboju składa się z kilku etapów. Na dzień dobry zwierzęta przetrzymuje się w magazynie żywca w klatkach segregacyjnych, ze szczególnym zwróceniem uwagi na suchą sierść. Następnie mamy do wyboru trzy opcje.

- Bramka numer jeden – ubój systemem stanowiskowym: wprowadzanie każdej sztuki pojedynczo, ustawianie pod podnośnikiem i teraz uwaga, głowa w kierunku podłogi, bo krew z rany kłucia nie może zabrudzić zwierzęcia!
- Bramka numer dwa – ubój na wisząco: zwierzęta wpędzane pojedynczo korytarzem przepędowym do komory oszałamiania, ruchoma podłoga, ogłuszenie, wyrzucenie sztuki pod kolejkę wiszącą, następny.
- Bramka numer trzy – ubój systemem olsztyńskim: wprowadzanie sztuki na stanowisko, po bokach bariery rurowe, z przodu lekki podest, decha pod brzuch, oszałamienie, jazda, następny.

Oszałamianie też przeprowadza się różnorodnie: aparatem trzpieniowym nabojowym, trzpieniowym pneumatycznym, udarowym. Ewentualnie prądem elektrycznym lub w półautomatycznych stanowiskach z wykrwawieniem w pozycji stojącej – brzmi dość wygodnie.

Wykrwawienie to już nuda – tusza wisząca, przecięcie naczyń, 4 minuty i po sprawie. Jak ktoś ma implikator, to nawet w 2 minuty 15 sekund da radę, tak więc niezła oszczędność czasu jakkolwiek by na to patrzeć.

Teraz tylko szybciutko na hak za ścięgno, obróbka nóg, skórowanie, podwiązanie przełyku, przecięcie mostka, wytrzewianie (otwarcie jamy brzusznej itd.), mycie, przepoławianie i na deser czynności końcowe: podział tusz na półtusze, ocena weterynaryjna i ocena jakości, ustalanie masy oraz wstępna konserwacja surowców poubojowych.

W sumie nic wielkiego, przecież lubisz mięso, na etykiecie w chłodni nie widać zdjęcia wiszącej na haku świni, a szkoda, bo **mięso nie rośnie na drzewach**. Wiem, że idziesz do sklepu i bierzesz z chłodni tackę z gotowym produktem, który wystarczy umyć, przyprawić i usmażyć. Ale nie da się pominąć informacji o pochodzeniu surowca, skoro tak bardzo interesujesz się pochodzeniem pozostałych produktów, tak bardzo dbasz o swoje zwierzątko domowe. I wcale nie chodzi mi o to, żeby prowadzić krucjatę, zakazywać spożywania mięsa czy ujawniać hipokryzję osób przeżywających chorobę ukochanego psa, mając dokładnie w tym samym momencie fragment oszołomionej, wykrwawionej, martwej świni na kanapce.

Chcę zwrócić uwagę na kilka podstawowych rzeczy, zwłaszcza jeśli spożywasz zbyt dużo mięsa.

- Kilkaset gramów mięsa dziennie, rozdzielone na śniadanie, obiad i kolację – siedem dni w tygodniu TO DUŻO.
- Ograniczenie spożycia mięsa to nie idiotyczne „widzimisię" wegetarian, wegan, nawiedzonych ekologów czy innych ludzi bez siódmej klepki. Ma to swoje uzasadnienie ze względów zdrowotnych, a względy etyczne zostawiam pod indywidualną rozwagę.

Jakość

Jakość mięsa ma związek z wieloma czynnikami, wśród których jest stres zwierzęcia, postępowanie ze zwierzętami przed ubojem oraz czynniki związane z procesem uboju.

Dlatego jeśli kochasz mięso i nie możesz wyobrazić sobie bez niego życia, nie będę cię przekonywała na siłę do rezygnacji, ale zachęcam do świadomego kupowania mięsa ze sprawdzonego źródła. Mam tu na myśli hodowców, którzy wiedzą, jak obchodzić się ze zwierzętami, czyli dbają o prawidłowe żywienie, przywiązują wagę do dobrostanu, do ruchu zwierząt oraz do warunków transportu i uboju.

Dlaczego odpowiednie obchodzenie się ze zwierzętami ma wpływ na jakość mięsa?

Stres jest czynnikiem najczęściej odbijającym się na jakości mięsa, ponieważ uruchamia mechanizmy fizjologiczne wpływające na zmiany pH, co obniża jakość mięsa. Właściwe postępowanie ze zwierzętami przed ubojem i podczas niego może w znacznym stopniu zmniejszyć stres i dyskomfort zwierząt. Wszystkie czynności dotyczące uboju powinny być przeprowadzone z uwzględnieniem naturalnego zachowania zwierząt. Ponadto zawartość tłuszczu i kruchość mięsa związane są z żywieniem zwierząt: rodzajem paszy i systemem karmienia, natomiast działania technologiczne wpływające na kruchość to przykładowo rodzaj oszołomienia oraz wykrwawienia. Być może brzmi to dość abstrakcyjnie, ale uwierz - odpowiedni sposób zawieszenia zwierzęcia podczas procesu wykrwawiania może wpłynąć na polepszenie kruchości.

Bezpieczeństwo

Mięso ze względu na swój skład jest bardzo dobrym środowiskiem do rozwoju drobnoustrojów, szczególnie bakterii. Wpływają na to wysoka zawartość białka, odczyn środowiska (pH) oraz obecność związków chemicznych w łatwo przyswajalnej formie.

Konsumenci oczekują żywności bezpiecznej, w krajach Unii Europejskiej nastąpił wzrost zainteresowania produktami mającymi certyfikaty, produkowanymi z zapewnieniem bezpieczeństwa i jakości na wszystkich etapach produkcji, a także troski o środowisko. Jeśli chodzi o aspekt higieniczny, związany ze stanem mikrobiologicznym danego produktu, ważne jest monitorowanie bezpieczeństwa, czyli system HACCP.

Co właściwie zawiera szynka i dlaczego?

Nie jest tajemnicą, że mięso poddaje się procesom utrwalającym w celu zachowania barwy, nadania cech smakowo-zapachowych i zapobiegania rozwojowi mikroorganizmów. Wielkość nastrzyku może wahać się od 10 do nawet 50% (!), w zależności od jakości mięsa, składu solanki i oczekiwanej wydajności gotowego produktu.

Typowy zestaw dodatków w gotowym produkcie to m.in. substancje wypełniające – produkty białkowe, tłuszczowe oraz węglowodanowe. Niektórzy twierdzą, że dodanie preparatów białkowych może podwyższać wartość odżywczą (dodatek aminokwasu ograniczającego), ale często bywa to podyktowane jedynie względami ekonomicznymi (po prostu jest tańsze), a duży dodatek istotnie zmniejsza wartość biologiczną produktu. Substancje białkowe m.in. zwiększają zdolność wiązania wody oraz poprawiają właściwości żelujące, co nadaje odpowiednią strukturę i konsystencję gotowym wyrobom.

Dodatek tłuszczu wpływa na smakowitość, strukturę, teksturę, smarowalność, wrażenia smakowe i soczystość. Tłuszcz jest prekursorem tworzenia się i nośnikiem zapachów.

Skrobia natomiast nadaje produktom odpowiednią teksturę, wygląd, wilgotność, konsystencję, trwałość podczas przechowywania. Dodanie preparatu skrobiowego pozwala na osiągnięcie tak przeciwstawnych celów jak wiązanie i dezintegracja, pulchność i zagęszczenie, klarowność i mętność. Normalnie magia.

Magicznymi dodatkami są też hydrokoloidy, takie jak karageny, guar, celuloza, alginiany oraz żelatyna. Mają one zdolność wiązania wody oraz stabilizacji struktury. Modyfikacja struktury i tekstury jest możliwa m.in. dzięki stabilizacji zawiesiny. Substancje te odgrywają dużą rolę zwłaszcza w projektowaniu składu produktów niskokalorycznych, tzn. gdy nie chcesz ładować tony tłuszczu, ale chcesz, żeby się ładnie smarowało.

Substancje wpływające na poprawę wodochłonności mięsa to fosforany i cytrynian sodu. Fosforany ograniczają ubytek soku, czyli masy w czasie obróbki cieplnej mięsa poprzez zmniejszenie wycieków z produktów mrożonych i rozmrożonych, poprawiają właściwości organoleptyczne: soczystość i kruchość mięsa, stabilność barwy, zmniejszają włóknistość, zmniejszają nieprzyjemny zapach, przebarwienia, polepszają soczystość wyrobów oraz przy udziale soli kuchennej hamują rozwój drobnoustrojów.

Mleczany sodu i potasu oraz przeciwutleniacze, takie jak kwas askorbinowy są stosowane w celu przyspieszenia peklowania oraz polepszenia barwy wyrobów, ponieważ zapobiegają niekorzystnym przebarwieniom na skutek utleniania barwników hemowych oraz przedłużają trwałość. Obecność kwasu L-askorbinowego lub askorbinianu umożliwia zmniejszenie standardowych ilości pochodnych azotowych mniej więcej o 25%.

Azotany (III), czyli azotyny, w niższych stężeniach zapewniają odpowiednią (pożądaną przez klientów) barwę, w wyższych (np. 100–150 mg na kilogram surowca) działają bakteriostatycznie i przeciwutleniająco, wpływają też na smakowitość.

Cukier łagodzi słoność, poprawia smakowitość, wpływa korzystnie na barwę

W celu polepszenia kruchości mięsa stosuje się roślinne lub bakteryjne enzymy proteolityczne rozszczepiające białka.

Glutaminian monosodowy, hydrolizaty białkowe i cała banda innych poprawiaczy dodawana jest w celu wzmocnienia smakowitości, bo konsumenci oczekują określonego smaku i zapachu. A uwierz – nie ma możliwości, żeby z papki zawierającej mieloną tekturę zrobić smakowo coś na kształt domowego jedzenia bez dodania tego typu substancji. Są też plusy, przykładowo takie hydrolizaty pobudzają kubki smakowe i intensyfikują odczucie smaku słonego, dzięki czemu w produktach z ich udziałem można zmniejszyć ilość soli kuchennej.

Podsumowując, obecność niektórych i dodatków w wędlinach jest uzasadniona, ale produkt typu trochę mięsa, MOM i alfabet wspomagaczy jest u mnie na starcie zdyskwalifikowany. Powiem jasno i otwarcie. Wędliny wysokowydajne to dla mnie DNO.

Ta szynka jest świeża, bo jest różowa

Konsument oczekuje mięsa o zawsze świeżej, różowej barwie, również po dłuższym przechowywaniu. Jest to oczywiście NIEREALNE, ponieważ barwa mięsa zmienia się szybko pod wpływem powietrza i światła (reakcje chemiczne z udziałem barwników). Niestety jest to odbierane jako oznaka zepsucia, dlatego producenci stają na głowie, aby wędlinka była wiecznie różowa. Sami tego chcieliśmy.

Wędlina bez konserwantów

Coraz więcej jest na rynku wyrobów bez dodatku azotynu sodu. Jak to możliwe? To kompilacja działań, np. dodatek mikroorganizmów. Kultury starterowe (pałeczki kwasu mlekowego) zapewniają spadek pH mięsa – mikroorganizmy przerabiają cukier zawarty w mięsie, produkując kwas, w wyniku czego spada pH, a więc wydłuża się przydatność produktów do spożycia. Dodatkowo działanie bakteriobójcze mają bakteriocyny produkowane przez dodane do surowca kultury bakterii. Ostatecznie pakowanie w atmosferze modyfikowanej z udziałem dwutlenku węgla (10–30%) działa antybakteryjnie, a dodatek tlenu (5%) ma na celu zachowanie zabarwienia. Reszta to obojętny azot.

Asortyment

Szynka

Produkcja przetworów mięsnych ma trzy podstawowe cele: zwiększenie asortymentu, zwiększenie atrakcyjności sensorycznej różnych rodzajów mięsa oraz przede wszystkim wydłużenie okresu przydatności do spożycia. Jak wiadomo, podstawowym warunkiem funkcjonowania towaru na rynku jest długi termin przydatności.

Szynka

Mięso wieprzowe – 59%, woda, skrobia ziemniaczana, sól, białko sojowe, stabilizator: E421, substancja zagęszczająca – E407a, błonnik pszenny, białko wieprzowe kolagenowe, przeciwutleniacz: E316, E301, maltodekstryna, wzmacniacz smaku: E621, cukier gronowy, aromaty (zawierają gluten oraz pochodne mleka łącznie z laktozą), hydrolizaty białka sojowego, ekstrakty przypraw, dekstroza, substancja konserwująca: E250.

Jeśli nie czytasz składu, nie sugeruj się też ceną. Nie zawsze droższa = więcej mięsa. Ta wcale nie była najtańsza, a mięsa zaledwie 59%.

Szynka tradycyjna, wiejska itp.

Mięso wieprzowe z szynki – 81%, woda, sól, stabilizatory: trifosforany, karagen, białko sojowe, maltodekstryna, glukoza, cukier, hydrolizat białka słonecznikowego, przeciwutleniacz: askorbinian sodu, ekstrakt drożdży, aromaty, ekstrakty przypraw, substancja konserwująca: azotyn sodu.

Skład nie wygląda zbyt tradycyjnie, jak na moje oko.

Wędlinka dla dzieci

Niestety napis „dla dzieci" nie jest gwarancją lepszego składu. Producenci bez żenady dają słaby skład w kolorowym opakowaniu. Mam nadzieję, że nie przychodzi ci do głowy podawać wędlinę z azotynem sodu niemowlakowi? To może być niebezpieczne ze względu na reakcje tego konserwantu w organizmie małego dziecka. Pomijając już fakt, że substancja ta została zakwalifikowana do czynników o działaniu potencjalnie rakotwórczym.

Wędlina z większą zawartością mięsa

Właściwie już bez problemu można kupić wędliny z mięsem na poziomie 93–97% składu, a nawet bez dodatku konserwantu. Wydają się lepszym rozwiązaniem niż produkty szynkopodobne.

Szynka

Mięso z kurczaka - 97%, skrobia ziemniaczana, sól, ekstrakty przypraw, aromat, glukoza, przeciwutleniacz E300, substancja konserwująca E250.

Suszone mięso, długo dojrzewające wędliny - tu skład jest zwykle bardzo prosty, a dodatek soli i azotynu sodu chroni takie produkty przed skażeniem mikrobiologicznym.

Boczek - jeśli myślisz, że kupujesz zwykły, tłusty, bo tłusty, ale jednak prosty kawałek mięsa, lepiej sprawdź skład.

Boczek

Boczek wieprzowy - 95%, sól, ekstrakty przypraw, glukoza stabilizatory, E339, E450, E451, E452, maltodekstryna, cukier, wzmacniacz smaku E 621, przeciwutleniacze E301, E316, aromat, regulatory kwasowości E262, E327, E331, substancja zagęszczająca E407, substancja konserwująca E250.

Możesz się nieźle zdziwić, bo produkt ten od prostego boczku nie różni się NICZYM na pierwszy rzut oka.

Konserwy

Istnieje kilka podziałów konserw, np. ze względu na sposób obróbki cieplnej, rodzaj użytego surowca, skład surowcowy, rodzaj opakowania. Konserwy utrwala się przez sterylizację w hermetycznych opakowaniach w temperaturze powyżej 100°C lub na drodze pasteryzacji w temperaturze do 100°C, ale wtedy muszą być przechowywane w obniżonej temperaturze.

Zawartość białka w konserwach mięsnych powinna być nie mniejsza niż 16% w szynkach konserwowych i 12% w mielonkach. Zawartości tłuszczu w szynkach, mielonkach i pasztetach drobiowych konserwowych nie powinny przekraczać odpowiednio: 5, 15 i 35%.

Ważna uwaga – nie każda konserwa to dramat. Jeśli musisz wybrać jakiś produkt tego rodzaju, sugeruj się zawartością MIĘSA i sprawdzaj, czy nie zawiera MOM.

Konserwa wieprzowa blokowa sterylizowana

Mięso wieprzowe – 93%, sól, stabilizatory: trifosforany, polifosforany, pieprz, przeciwutleniacz, substancje konserwujące: azotan sodu.

Jedna z lepszych, chociaż nie jestem fanką takich rozwiązań. Wolę wziąć puszkę fasoli w sosie pomidorowym.

Kiełbasy i kabanosy

Zwłaszcza kabanosy to często bomba kaloryczna, a tłuszcz zwierzęcy z takich kiełbas wcale nie jest tłuszczem pożądanym w twojej diecie. Jeśli kochasz kiełbasy, powinnaś wybierać te o niższej zawartości - wystarczy sprawdzać ilość tłuszczu w tabeli wartości odżywczych.

Kabanosy

Mięso oddzielone mechanicznie z kurczaka - 60%, woda, skórki wieprzowe i z indyka, kasza manna, sól, błonnik i białko sojowe, stabilizatory E451, E452, E450, przyprawy, wzmacniacze smaku E621, E627, E632, dekstroza, substancja zagęszczająca E407a, przeciwutleniacz E316, regulator kwasowości E330 aromaty, barwniki E120, olej rzepakowy, substancja konserwująca E250.

Jak dla mnie to tragedia, a nie kabanosy.

Kabanosy z wysoką zawartością mięsa

Mięso wieprzowe, sól, przyprawy, cukier.
100 g produktu wyprodukowano ze 171 g mięsa.

Zdecydowanie lepsza alternatywa.

Kabanosiki dla dzieci

Mięso z kurczaka, mięso z indyka, tłuszcz z kurczaka, tkanka łączna drobiowa, skrobia, sól, błonnik pszenny, cukier, przyprawy, ekstrakty przypraw, przeciwutleniacz, substancja konserwująca (azotyn sodu).

Owszem, piękne kolorowe opakowanko z pięknymi napisami. Tylko po co dziecku dodatkowa porcja tłuszczu zwierzęcego, o azotynie nie wspominając?

Biała kiełbasa

Mięso wieprzowe - 73% woda, skrobia ziemniaczana, sól, przyprawy, ekstrakty przypraw, wzmacniacze smaku E621, E635, białko wieprzowe błonnik sojowy stabilizatory E451, E262, E327, białko sojowe,

Trochę mało tego mięsa.

Parówki

Parówki jednej z renomowanych firm

Mięso oddzielone mechanicznie z kurczaka, woda, skórki wieprzowe mięso z kurczaka - 7%, tłuszcz wieprzowy, kasza manna, białko sojowe, skrobia ziemniaczana, sól, przyprawy i aromaty, stabilizatory (difosforany, trifosforany), wzmacniacz smaku E621, glukoza, przeciwutleniacz, błonnik ziemniaczany, substancja konserwująca (azotyn sodu).

Zawartość mięsa - 7%, białka - 12 g na 100 g - dramat.

Paróweczki dla dzieci

Mięso z kurczaka - 54%, tłuszcz kurczęcy, woda, tłuszcz wieprzowy, tkanka łączna kurczęca, skrobia ziemniaczana, koncentrat białka sojowego, sól, ekstrakty przypraw, stabilizatory, wzmacniacz smaku (glutaminian monosodowy), przeciwutleniacz, przyprawy, aromaty, błonnik ziemniaczany, substancja konserwująca (azotyn sodu).

Jeden z najgorszych składów, jakie widziałam, w dodatku produkt przeznaczony dla dzieci. To jest naprawdę dramat.

Parówki z indyka – jeśli w składzie masz mięso z indyka – 45% plus mięso oddzielone mechanicznie z indyka – 26% i do tego wodę, tłuszcz plus bajery – nadal NIE JEST TO DOBRY PRODUKT. Podkreślę to jeszcze raz. Jeśli wybrany przez ciebie produkt zawiera MOM, skóry i tłuszcz zwierzęcy czy azotyn sodu (a nie jedziesz właśnie na biwak, czyli masz lodówkę), powinnaś to coś zdyskwalifikować i usunąć ze swojej listy zakupów. A już na pewno nie dałabym tego dzieciom!

Mięsne rarytasy typu DRAMAT

Pasztet

Woda, skórki z kurczaka - 16,7%, tłuszcz wieprzowy - 8,1%, mięso oddzielone mechanicznie z kurczaka - 8,1%, kasza manna, wątroba z kurczaka - 4,6%, wątroba wieprzowa - 4,6%, białko sojowe, sól, substancja konserwująca E250, przyprawy, seler, ekstrakty drożdżowe, wzmacniacze smaku E621, E635, stabilizatory E450, E451, substancja żelująca E407, maltodekstryna, aromaty, barwnik, hydrolizat białka sojowego, hydrolizat białka pszennego, skrobia modyfikowana, częściowo utwardzony tłuszcz palmowy, suszone warzywa, glukoza, suszona cebula.

Dramat.

Mortadela

Mięso oddzielone mechanicznie z kurcząt - 62%, woda, skórki wieprzowe, skórki z kurcząt, skrobia ziemniaczana, stabilizatory E450, E262, substancja zagęszczające E407, E415, dekstroza, sól spożywcza błonnik pszenny, regulator kwasowości E330, przeciwutleniacze E316, E300, wzmacniacze smaku E621, E635, aromaty, substancja konserwująca E250.

Dramat.

Hamburger

Mięso oddzielone mechanicznie z kurczaka - 73%, woda, olej rzepakowy, skrobia pszenna, cebula, sól, izolat i hydrolizat białka sojowego, kasza manna, przyprawy, przeciwutleniacze E300, E316, glukoza, stabilizatory E415, E417, regulator kwasowości E508, substancja zagęszczająca E407, wzmacniacz smaku E621, substancja konserwująca E250.

Dramat.

Metka tatarska

Mięso wieprzowe – 64%, tłuszcz wieprzowy, tkanka łączna wieprzowa, sól, aromat, aromat dymu wędzarniczego, przyprawy, glukoza, przeciwutleniacze, regulator kwasowości, ekstrakty przypraw, białko wieprzowe: hemoglobina, kultury bakterii, substancja konserwująca (azotyn sodu).

Taka sobie.

Nie jestem też fanką wynalazków typu kaszanka, kiszka ziemniaczana i tym podobne, ze względu na prawie zawsze przekombinowany skład.

Mrożonki

Produkty z mięsem mrożonym wykazują stabilność mikrobiologiczną, ale pamiętaj, że po rozmrożeniu komórki mikroflory chorobotwórczej (nawet te częściowo uszkodzone) odzyskują całkowitą sprawność fizjologiczną i stają się tak samo groźne jak te nieuszkodzone. Nie zostawiaj takiego produktu w temperaturze pokojowej na czas nieokreślony.

Sprawdzaj skład – w ofercie zdarzają się mrożone filety, ale również panierowany MOM pod postacią nadzienia czy kotlecików.

Filet z piersi kurczaka

Filet z piersi kurczaka – 62%, mąka pszenna, olej rzepakowy, sól, skrobia pszenna, chili, cukier, mąka kukurydziana, gluten pszenny, mąka ryżowa, skrobia ziemniaczana.

Prosty skład, ale pamiętaj, że mięso to 62%. Reszta to panierka.

10 Chleb nasz gluten powszedni

Kolejny temat rzeka, który chciałoby się przedstawić w krótkich słowach, ale trochę ciężko.

Po co jemy: jesteśmy przyzwyczajeni do śniadania i/lub kolacji typu „kanapka z", poza tym pieczywo to źródło węglowodanów złożonych, a więc źródło energii i po zjedzeniu powinno zapewniać nam uczucie sytości. Plus nie oszukujmy się – kochamy ten smak, zapach, teksturę miękiszu, chrupiącą skórkę. Kochamy gluten, prawda...?

Czy można nie jeść: bez problemu, zdecydowanie! Po pierwsze, są inne – nawet lepsze – źródła węglowodanów złożonych (zajrzyj do rozdziału o płatkach, gdzie dowiesz się więcej o prostych daniach typu owsianka, jaglanka). A jak nie chcesz węgli, to wybierz takie śniadanie, po którym dobrze się czujesz. I nie – nie mam tu na myśli czekolady czy buły zanurzonej w tonie lukru. Raczej jajko na miękko, jogurt – to też fajne posiłki. Węglowodany możesz dostarczyć w następnym posiłku, np. na drugie śniadanie w pracy.

Ile i co jeść: trudno ocenić, czy proponować „zalecaną liczbę kanapek" – każdy ma inny tryb życia, aktywność fizyczną itd. Jeśli pieczywo to u ciebie podstawa życia i menu, najlepiej wybieraj prosty chleb pełnoziarnisty, razowy (jeśli lekarz nie zaleca inaczej). Nie ma problemu, jeśli raz na jakiś czas zjesz dla odmiany pieczywo z mąki oczyszczonej żytniej lub pszennej (tzw. zwykły chleb). Jeśli chlebuś jesz sporadycznie – wybieraj taki, jaki lubisz najbardziej, pamiętając o tym, że to razowiec ma działanie prozdrowotne.

Na co uważać: na monotonię związaną ze stosowaniem non stop białego pieczywa, na pszenne buły typu „bułka paryska", chleby z nieuzasadnionym długim składem.

Czego się nie bać: zabrzmi to kontrowersyjnie, ponieważ nie jestem fanką takich rozwiązań w standardzie (czyli jeśli nie muszę, ale zdarza się, że jest to jedyne wyjście), ale pieczywa z odpieku nie trzeba się bać. Oczywiście jeśli mrożonka leży w chłodni nie wiadomo jak długo, nie wiadomo skąd pochodzi i co ma w składzie – jest to raczej słaby produkt. Ale to się rzadko zdarza. Ciasto o prostym składzie zamrożone na krótki czas nie powinno stwarzać większych problemów – mrożenie jest jedną z technik utrwalania żywności i nie ma sensu niepotrzebnie się tym stresować, jeśli dobrze się czujesz po takim pieczywie. Zajmij się lepiej mięsem i cukrem.

Kilka uwag

Co to w ogóle są te zboża?

Zboża to takie rośliny, które wykorzystujemy w diecie jako źródło potrzebnych nam składników odżywczych, np. węglowodanów, witamin, błonnika. Możemy zebrać ziarna, odpowiednio je przygotować, zemleć, a z otrzymanej w ten sposób mąki upiec chleb, naleśniki czy gofry.

Poszczególne gatunki zbóż mają podobny skład. Dominują węglowodany (ok. 70%), następnie białko (6–16%) i tłuszcze (2–7%) oraz substancje mineralne (2–5%).

Największą ilością białka charakteryzuje się pszenica i owies (12,5%), a także żyto, jęczmień i proso. Niemal o połowę mniej

zawiera ryż (7%). Najwięcej tłuszczu ma owies (7%), najmniej żyto (1,7%). Reszta zbóż podobnie (2–4%). Najwięcej włókna surowego (błonnika) zawiera proso (2,5%), a najmniej ryż (0,7%). Najwięcej substancji mineralnych mają owies (2,9%) oraz proso, najmniej kukurydza i ryż (1,2%).
Zawartość białka oraz udział poszczególnych frakcji białka w różnych gatunkach zbóż są zróżnicowane, a biologiczna wartość białek zmienia się w poszczególnych zbożach w następującej kolejności: owies (najwięcej) > żyto > ryż > kukurydza > pszenica. Szczególne miejsce pszenicy wśród gatunków zbóż polega na unikalnych właściwościach jej białek. Podczas mieszania mąki pszennej z wodą tworzy się gluten, złożony głównie z gliadyny i gluteniny.

Gluten

To taki białkowy kompleks. Wyobraź go sobie jako spójny lepko-elastyczny klej. Jak to jest możliwe, że z proszku i wody robi się klej? W gliadynie i gluteninie pszenicy reszty aminokwasów w łańcuchu peptydowym rozmieszczone są nieregularnie. Określone kombinacje regularne i nieregularne strukturalnych elementów umożliwiają wytworzenie trójwymiarowej siatki z włókien białkowych. Czyli fizycznie w mące pszennej nie ma glutenu. Określony surowiec może zawierać białka „glutenowe", ale aby powstał fizycznie gluten (struktura), potrzebne są woda i energia mechaniczna, np. mieszanie. To trochę jak budowanie rusztowania – mamy określone elementy, jak rurki i łączniki, z których możemy stworzyć strukturę przestrzenną, czyli rusztowanie. Jeśli nie wykonamy pracy, rusztowanie samo z siebie nie powstanie. Rusztowanie może być mocniejsze lub słabsze. W konkretnych roślinach, a co za tym idzie w mąkach, mamy więcej elementów lub mniej, a w niektórych produktach spożywczych nie ma ich wcale. W skład kompleksu wchodzą również niewielkie ilości cukrów prostych, tłuszczów i skrobi. Ilość pochłanianej wody w stosunku do masy

białek wynosi dla tzw. białek słabych ok. 150%, dla normalnych ok. 200%, dla białek mocnych począwszy od 250%. O wartości wypiekowej i użytkowej mąki decyduje głównie ilość + jakość glutenu. Stanowi on szkielet ciasta, który wykazuje odpowiednią elastyczność i zdolność do zatrzymywania gazów, np. dwutlenku węgla. Ponadto łączy pozostałe składniki mąki.
Zawartość glutenu zależy od czynników genetycznych, odmianowych i uprawowo-klimatycznych, a więc gluten otrzymany z różnych odmian pszenicy wykazuje znaczne różnice w składzie chemicznym i we właściwościach fizycznych.

W zależności od właściwości fizycznych gluten klasyfikowany jest jako mocny, normalny lub słaby. Mocny gluten powoli chłonie wodę, cechują go zwięzłość, duża elastyczność, mała rozpływalność i rozciągliwość. Słaby gluten chłonie wodę szybko, ma luźno rozpływającą się konsystencję. Gluten pszenic twardych wchłania więcej wody niż gluten pszenic miękkich. Właściwości fizyczne glutenu warunkują cechy fizyczne ciasta pszennego.

Glutenfree

Gluten, wbrew dobrze klikającym się nagłówkom internetowym, nie jest toksyczną substancją zawartą w roślinie. Temat jest obecnie modny, nieco demonizowany, czego efektem są całe regały produktów glutenfree i sporo osób promujących w mediach unikanie glutenu.
Prawdą jest, że gluten dodaje się z wielu względów do różnych produktów spożywczych (nie tylko do pieczywa), zatem osoby unikające glutenu muszą być niezwykle czujne podczas czytania etykiet. Jeśli podejrzewasz u siebie lub u bliskich problemy związane ze spożyciem produktów zawierających gluten – możesz eksperymentować, odstawiając je na próbę, ale najpierw zrobiłabym diagnostykę w kierunku celiakii. Szczególną uwagę zwróć podczas występowania takich schorzeń jak cukrzyca typu 1, choroby tarczycy, wątroby, zespół Downa, zespół Turnera, zakażenie układu pokarmowego.

Jeśli wykluczysz celiakię, ale obserwujesz gorsze samopoczucie po zjedzeniu chleba pszennego, ciastek czy makaronu, być może masz nieceliakalną nadwrażliwość na gluten – jest częstsza niż sama celiakia, ale trochę dyskusyjny jest czynnik wywołujący chorobę. Poza glutenem mogą to być inne białka pszenicy lub oligosacharydy, disacharydy, monosacharydy, alkohole cukrowe stosowane w produktach jako substancje słodzące lub inne substancje dodatkowe. Sacharydy (cukry) łatwo ulegają fermentacji pod wpływem bakterii w jelicie cienkim, w wyniku czego powstają niekorzystne związki mogące wywoływać gazy, bóle brzucha, wzdęcia, biegunki, zaparcia, odbijania oraz kolki. Mogą to być również substancje powstające podczas wytwarzania produktów na bazie pszenicy, np. podczas pieczenia. Zwraca się też uwagę na możliwość wywoływania przez niektóre substancje zmian w mikroflorze jelitowej, które w niekorzystny sposób mogłyby wpływać na odpowiedź układu immunologicznego.

Sama celiakia nie jest popularną chorobą, więc raczej jej nie masz, ale warto wykluczyć to na wstępie. Pamiętaj tylko, że przed badaniami diagnostycznymi w kierunku celiakii NIE WOLNO samodzielnie odstawiać glutenu. Skonsultuj się koniecznie z lekarzem, jeśli podejrzewasz u siebie czy bliskich celiakię, alergię lub nietolerancję glutenu.

Jeśli chcesz jedynie nieco ograniczyć spożycie glutenu, po prostu wybieraj chleby z różnych mąk, innych niż pszenna, żytnia, jęczmienna czy owsiana, jedz różne kasze zamiast non stop makaronów (pszennych) oraz wybieraj produkty bez dodatku glutenu w składzie.

Jeśli masz ochotę kupować produkty bezglutenowe, nie ma sprawy, ale za każdym razem czytaj skład, bo słowo „glutenfree" NIE JEST SYNONIMEM SŁOWA „zdrowy".

- **Nie zawierają glutenu:** ryż, kukurydza, gryka, proso, komosa ryżowa, amarantus, ziemniaki, bataty, orzechy, migdały, pestki, mleko, produkty mleczne, mięso, ryby, jaja, tłuszcze, warzywa, owoce, kawa, herbata, sól, pieprz.

Natomiast **żywność bezglutenowa** to już inna sprawa, ponieważ w większości zakładów linie produkcyjne mogą być zanieczyszczone glutenem, dlatego osoby chorujące na celiakię powinny unikać produktów z napisem na etykiecie „może zawierać śladowe ilości glutenu" lub „w zakładzie stosowany jest gluten".

- **Zawierają gluten:** pszenica, żyto, jęczmień, owies, wyroby z powyższych mąk, produkty mleczne z dodatkiem płatków, panierki do mięs, paluszki rybne, warzywa panierowane, niektóre słodycze, ciasta, ale też przetwory mięsne, zupy zaprawione mąką, sosy na bazie mąk, kawa zbożowa, piwo, napój owsiany, orkiszowy, hydrolizowane białka roślinne.

O co chodzi z tymi wszystkimi mąkami?

Jeśli wyobrazisz sobie ziarno, które uzyskujemy z uprawianych zbóż, to składa się ono z bielma, zarodka i łuski.

„Przemiał pełny" to rozdrobnienie bielma, a mąka uzyskana przez zmielenie całego bielma nazywana jest mąką razową.

Przemiał złożony to stopniowe rozdrabnianie bielma, rozdzielenie otrzymywanych produktów rozdrobnienia i uzyskanie mąki wyciągowej. Wyciąg mąki podaje procentową wydajność, czyli ilość mąki uzyskanej ze 100 kg ziarna.

Typ mąki określa zawartość popiołu (czyli różnych substancji) w miligramach na 100 g suchej masy. Na pewno wiele razy widziałaś w sklepie numery na mąkach. To właśnie typy! A numer informuje o zawartości związków mineralnych – im wyższy numer, tym mąka bardziej bogata w cenne substancje, ale jednocześnie bardziej razowa, mniej delikatna w smaku.

Typy mąki pszennej:

- typ 450 tortowa
- typ 480 szymanowska
- typ 500 wrocławska, poznańska, krupczatka

- typ 650 bułkowa
- typ 850 chlebowa
- typ 1400 sitkowa
- typ 1850 graham
- typ 2000 razowa

czyli tortowa ma mniej cennych substancji niż sitkowa, ale z tortowej otrzymasz za to bardziej delikatne ciasto np. naleśnikowe

Wśród znanych gatunków pszenicy, ważnymi dla przetwórstwa są pszenica zwyczajna *(Triticum vulgare)* oraz pszenica twarda *(Triticum durum)*. Ostatnio moda jest na gatunki pierwotne, takie jak orkisz, samopsza, płaskurka. Jest to ciekawe urozmaicenie menu.

Typy mąki żytniej:

- typ 580 jasna
- typ 720 jasna
- typ 1400 sitkowa
- typ 1850 stargardzka
- typ 2000 razowa

Co to jest standaryzacja mąki?

Producenci nie mogą pozwolić sobie na straty surowca, a biorąc pod uwagę, że surowiec roślinny to nie jest w 100% powtarzalny w produkcji syntetyk, przeprowadza się coś takiego jak standaryzowanie mąki. Zapewnia to odpowiednie cechy jakości mąki, stabilność jej właściwości technologicznych i gwarantuje otrzymanie dobrych powtarzalnych wyników wypieków. Proces obejmuje dwa podstawowe etapy: dobór i przygotowanie mieszanki przemiałowej ziarna o odpowiednio dopasowanych właściwościach technologicznych oraz korekta właściwości technologicznych mąki za pomocą dodatków takich jak kwas askorbinowy, suchy gluten, emulgatory i preparaty enzymatyczne.

Czy do mąki dodawane są polepszacze?

Tak, a robi się to z prostej przyczyny. Bo chcesz zawsze kupować to samo: pyszny, świeży, delikatny, chrupiący, cudownie wyrośnięty chlebuś.

Ty i miliony ludzi w Polsce chcą wejść rano do sklepu i nie interesuje ich, czy mąka była słaba, czy mocna. Czy temperatura fermentacji była o dwa stopnie niższa, czy wyższa. Wszyscy chcemy powtarzalności dobrych wyników, a nie ma powtarzalności bez standaryzacji. Dojrzewanie mąki trwa 1–4 tygodni, proces ten poprawia cechy technologiczne mąki, ale obecnie zastępowany jest dodaniem odpowiednich polepszaczy.

Powszechnie stosowanym w młynach dodatkiem do mąki pszennej jest kwas askorbinowy. Dodawany w ilościach do 100 ppm (czyli mało) poprawia barwę, polepsza właściwości układu białkowego i plastyczne właściwości ciasta.

Dodatki takie jak gluten, lipidy (np. mono- i diacyloglicerole kwasów tłuszczowych), preparaty enzymatyczne wpływają na polepszenie zdolności fermentacyjnych, zwiększenie wodochłonności i dokładności wymieszania składników, co w efekcie prowadzi do poprawy właściwości ciasta i miękiszu oraz zwiększenia objętości i przedłużenia świeżości pieczywa

Ale po co do mąki zawierającej gluten dodaje się gluten i te wszystkie rzeczy?

Każda substancja spełnia określone funkcje. Gluten jest dodawany do mąk w celu polepszenia ich jakości wypiekowej. Lipidy poprawiają właściwości ciasta i miękiszu – powodują lepsze wymieszanie się składników ciasta, zwiększają stabilność fermentacji, zdolność zatrzymywania gazów, poprawiają delikatność miękiszu, świeżość i objętość pieczywa.

Enzymy (amylazy, proteazy) i produkty zawierające enzymy (mielony słód i ekstrakt słodowy) powodują korzystne zmiany składników białkowych i węglowodanowych podczas obróbki technologicznej. Wpływają na strukturę ciasta, przyspieszają fermentację, poprawiają brązowienie i chrupkość pieczywa. Niestety, prawda jest taka, że kochamy idealne pieczywo i będąc w piekarni, oglądając te wszystkie rumiane wypieki, czując zapach świeżego chleba – nagle dłuższy czy krótszy skład staje się jakby troszkę mniej istotny.

Co się dzieje podczas wypieku?

Magia się dzieje! W zależności od temperatury, w piecu dzieją się takie oto dziwy:

40–45°C działają enzymy i drożdże – ciasto rośnie.
55°C – następuje pęcznienie skrobi.
60–80°C – zachodzi denaturacja białek, w tym tych glutenowych, oraz kształtowanie struktury miękiszu.
120–150°C – tworzy się skórka, czyli zachodzą procesy dekstrynizacji i karmelizacji.

Czy białko zbożowe jest wartościowe?

Białka zbożowe mają niższą wartość odżywczą. Z reguły są gorzej wykorzystywane przez organizm ze względu na mniej zbilansowany skład aminokwasowy (np. niedostatek lizyny) oraz mniejszą strawność. Strawność obniża obecność błonnika i substancji hamujących działanie enzymów trawiennych. Produkty zbożowe obfitują też w substancje chelatujące, np. kwasy fitynowe. Ograniczają one biodostępność składników mineralnych, a także wpływają na strawność białka i skrobi.

Ale jest na to rada. Aby zwiększyć wartość odżywczą zbóż, wystarczy połączyć dwie grupy produktów w jednej potrawie i gotowe, np. pierogi z serem, müsli z jogurtem – produkty zbożowe z nabiałem i warzywami.

Czy wypiek chleba „zabija" witaminy?

Witaminy z grupy B są raczej dość odporne na warunki procesu wypiekania i zostają zachowane w produkcie w 60–75%. Odporna jest też witamina E. Witamina A i beta-karoteny ulegają zniszczeniu w niewielkim stopniu. Natomiast pamiętaj, że przetwarzanie ziarna jest warunkiem efektywnego wykorzystania przez organizm tego surowca. Może zwiększać lub zmniejszać zawartość składników odżywczych oraz modyfikować ich biodostępność. Z witaminami jest różnie, ale jeśli chodzi o białko, to podczas wypieku zachodzą korzystne zmiany zwiększające przyswajalność aminokwasów.

Dlaczego chleb na zakwasie jest lepszy?

Podczas mieszania i fermentacji ciasta zachodzą zmiany jego składu, np. drożdże i bakterie kwasu mlekowego wykorzystują cukry jako pożywkę, obniżając ich naturalną zawartość w pieczywie, a enzymy występujące w ziarnie, drożdżach i bakteriach rozkładają fitynę i kwas fitynowy, ograniczając ich niekorzystny wpływ na przyswajalność. Podczas fermentacji zwiększa się też zawartość niektórych korzystnych związków.

Czy pieczywo z ciasta mrożonego jest szkodliwe?

To zależy, ale raczej nie. Po pierwsze, faktycznie jest różnica między składem ciasta przeznaczonego do odpieku bez etapu mrożenia a mrożonką. Pieczywo z ciasta mrożonego zazwyczaj produkowane jest z mąki bogatszej w gluten, o czym muszą pamiętać osoby ograniczające z jakiegoś powodu zawartość tego składnika w diecie. Dodatkowo ciasto takie często zawiera zestaw polepszaczy, co czyni produkty końcowe bardziej przewidywalnymi. To nie jest tak, że piekarz coś tam sypnie do mąki i jakoś to będzie. Nad składem i parametrami procesu pracują sztaby ludzi. W dyskusjach na temat procedur znajdziesz wykresy jak z książki o fizyce kwantowej, bo producenci muszą dopasować się do wymogów rynku, a wymogi rynku są obecnie takie, że klient szuka świeżości, jakości, ważne jest odczuwanie przyjemności podczas jedzenia. Klient nie chce jeść gumowatej, starej buły albo łamać zębów na chlebie twardym jak kamień już po paru godzinach od wypieku. Producenci nie mogą sobie pozwolić na straty poziomu jakości wypieków wynikające z błędów w składzie receptur typu nieodpowiednia mąka, za dużo polepszaczy (bo ktoś chciał tak bardzo napompować te bułki, no ale nie wyszło).

Nieprawdą jest też, że ciasto jest przechowywane latami w postaci zamrożonej. Już po kilku miesiącach od zamrożenia występują tak drastyczne straty jakości (które łatwo rozpoznać), że producentom po prostu nie opłaca się porywać na takie atrakcje.

Asortyment

Na rynku jest wiele rodzajów chleba, a wchodząc do supermarketu, stajesz właściwie przed ścianą produktów. Najłatwiej byłoby podzielić chleby na „te dobre" – z piekarni i „te złe" – z dużych sklepów, ale tak się nie da, bo i tu, i tu zdarzają się lepsze i gorsze chleby.
Wielokrotnie prosiłam w piekarni o podanie składu pieczywa – kilka razy był z tym ogromny problem, wiele razy wychodziłam z niczym. A wydawałoby się, że mała osiedlowa piekarnia „musi mieć dobre pieczywo". Niestety, nie musi i nie ma reguły. W supermarkecie jest kilku dostawców i owszem, trzeba uważać, ale da się kupić coś dobrego.

Co to znaczy dobrego? Chleb zasadniczo składa się z mąki, wody i soli. Super, jeśli jest na zakwasie (wtedy mamy: zakwas, mąka, woda, sól).

Można kupić fajny chleb z dodatkiem ziaren, pestek (np. słonecznika) itp. Wtedy okazuje się, że skład może mieć kilka linijek tekstu i nie ma w tym nic dziwnego. Ale jeśli widzisz prosty chleb bez dodatków, a w opisie litania – bądź czujna.

Który chleb jest produktem najwyższej jakości?

Za względu na sposób wytwarzania – chleby żytnie i mieszane, ponieważ wytwarzane są wieloetapowo.
Są dwie podstawowe metody produkcji pieczywa.
Metoda bezpośrednia (jednoetapowa, jednofazowa), czyli ładowanie wszystkiego naraz i gotowe. Tak się robi produkty z proszku – dodajesz do mąki wszystkie surowce, mieszasz i następuje fermentacja.
Metoda pośrednia to metoda dwufazowa. Oddzielnie przygotowujesz rozczyn, oddzielnie ciasto właściwe. W ten sposób można zmniejszyć

ilość dodawanych drożdży, a pieczywo otrzymane taką metodą jest lepszej jakości.

Po czym poznać dobry chleb?

Dobre ciasto żytnie wykazuje wyraźnie gąbczastą strukturę o drobnych, równomiernych i cienkościennych porach oraz dość ścisłą konsystencję. Ponadto łatwo się rwie i ma lekko kwaskowy zapach.

Od czego zależy smak chleba na zakwasie?

Na przykład od temperatury procesu fermentacji – im wyższa, tym szybsze utworzenie produktu i większa przewaga kwasu mlekowego. Przy niższej ukwaszenie jest wolniejsze i występuje przewaga kwasu octowego. Ilościowy stosunek obu kwasów decyduje o zapachu i smaku pieczywa.

Czy paczkowane pieczywo jest toksyczne?

Nie, chociaż praktycznie nie kupuję takiego pieczywa, bo nie jestem fanką plastiku. W celu uzyskania dłuższego okresu przydatności pieczywa stosuje się pakowanie w atmosferze modyfikowanej, czyli usuwa się powietrze z opakowania i wprowadza mieszaninę gazów obojętnych. Skład gazów uzależniony jest od rodzaju produktu i żądanego okresu trwałości. Do pakowania pieczywa stosuje się zwykle mieszaninę dwutlenku węgla i azotu w różnych proporcjach, np. 7:3. Ani azot, ani dwutlenek węgla nie są toksyczne w procesie pakowania chleba. Mało tego, azot to główny składnik powietrza, którym oddychasz, a dwutlenku węgla pozbywamy się w procesie oddychania. Również spulchnianie produktów, np. nabiałowych azotem nie jest niczym groźnym. Czasem zdarza się konserwant, ale coraz rzadziej, nawet w pieczywie tostowym.

Czy można jeść pieczywo z odpieku?

Odroczony wypiek to nie jest żaden nowy wynalazek – był on stosowany już w USA w latach 50. ubiegłego wieku ze względów ekonomicznych oraz dlatego, że po prostu jest wygodny. Jeszcze raz podkreślę: prawdą jest, że skład będzie inny, np. mąka pszenna w takim cieście musi być odpowiedniej jakości (mocna), bo nie każda udźwignie cały proces. Trzeba też np. dosypać więcej drożdży, bo istnieje obniżona odporność komórek na niskie temperatury itd. Ale to nie oznacza, że trzeba z takiego pieczywa całkowicie rezygnować.

Chleby

Do wyboru całkiem sporo: żytni, pszenny, orkiszowy, żytnio-pszenny, pszenno-żytni, graham, wiejski, bułka paryska, chleb oliwski, baltonowski, staropolski, sitkowy, z ziarnami, z żurawiną, z miodem, ze śliwką, z pestkami.

Zwróć uwagę, czy w składzie rzeczywiście jest to, co deklaruje producent, np. czy chleb na miodzie jest na miodzie, czy na sztucznym miodzie, czyli syropie glukozowo-fruktozowym.

Ponieważ mąka pszenna jest wszechobecna, a podstawą zdrowej diety jest urozmaicenie, wybrałabym chleb żytni lub żytnio-pszenny. Może być z ziarnami, z pestkami, z różnymi dodatkami, które odrywają nas od rutyny.

Uważaj na **bułkę paryską** oraz zrobioną z niej **bułkę tartą** – zdarza się, że zawiera częściowo utwardzone tłuszcze, co dyskwalifikuje ją jako produkt zdrowy.

Bułka tarta luksusowa

Mąka pszenna, drożdże, sól spożywcza, margaryna (tłuszcz palmowy), woda, substancja konserwująca (sorbinian potasu), regulator kwasowości, aromat, barwnik, polepszacz do pieczywa.

Średnio luksusowo to wygląda.

Chleb tostowy też jest jakimś rodzajem urozmaicenia, pod warunkiem że ma prosty skład. Przyznam szczerze, że obserwując pieczywo tostowe, też zauważalny jest trend *clean label* i tosty są obecnie zdecydowanie lepsze niż jeszcze kilka lat temu.

Chleb tostowy
Mąka pszenna, woda, zakwas pszenny, sól, olej rzepakowy, cukier, ocet, mąka sojowa.

Jednak nadal obecne są na rynku produkty z dość skomplikowanym składem.

Chleb tostowy
Mąka pszenna, woda, cukier, drożdże, sól, olej roślinny rzepakowy i palmowy, emulgatory (mono- i diglicerydy kwasów tłuszczowych, stearoilomleczan sodu), regulator kwasowości (dioctan sodu), substancje konserwujące (propionian wapnia, kwas sorbowy).

Chleby bezglutenowe paczkowane to temat na oddzielny rozdział. Jeśli jednak musisz bezwzględnie przestrzegać diety bezglutenowej, zwróć uwagę na komunikaty dotyczące piekarni i firm sprzedających chleby bezglutenowe. Zdarza się, że w badaniach okazuje się, że chleby te jednak zawierają śladowe ilości glutenu, co dyskwalifikuje je dla osób chorych na celiakię. Na rynku dominują dość skomplikowane mieszanki do wypieku i gotowe wyroby paczkowane z długim składem. Cóż, jakoś trzeba ten brak glutenu obejść.

Unikaj **gotowców** typu pizzerina, bułka z parówką, cebularz, bagietka z czosnkiem – bardzo często mają wręcz fatalne składy, 13–15 linijek tekstu, czyli alfabet dodatków spożywczych często z tłuszczem częściowo utwardzonym.

Chleby funkcjonalne typu chleb proteinowy, chleb dla chorych na cukrzycę, chleb fitness – tu trzeba naprawdę wczytać się w skład, bo panuje pełna dowolność. Zdarza się, że skład chleba nie ma absolutnie nic wspólnego z nazwą, przykładowo „chleb proteinowy" ma bardzo podobną zawartość białka w porównaniu ze zwykłym. Jeśli potrzebujesz większej zawartości białka, na rynku obecne jest prawdziwe pieczywo proteinowe, np. z dodatkiem surowców sojowych, gdzie zawartość białka jest 2–3 razy wyższa niż w przeciętnym pieczywie. Nie do końca też rozumiem ideę napisu fitness czy fit na chlebie, gdy skład niewiele różni się od przeciętnego pieczywa. Nie nabieraj się na hasło w rodzaju „wysoka zawartość błonnika" – nie jest to żaden specjalny wyróżnik, to raczej standard w pieczywie razowym.

Chleby „na bogato" – z makiem, z czarnuszką, ze słonecznikiem, amarantusem – ludzie są tak zaaferowani tymi kilkoma procentami dodatku (1–6%), że nie zwracają uwagi na skład, a tam sama mąka pszenna, gluten i bajery.

Wyroby regionalne – fajny pomysł na urozmaicenie. Bardzo często są to chleby o tradycyjnej prostej recepturze bez niepotrzebnych substancji, przykładowo pumpernikiel, maca, pita. Niestety zdarzają się produkty, gdzie trudno znaleźć prosty egzemplarz godny polecenia, przykładowo tortille.

Pumpernikiel

Żyto krojone – 45,7%, woda, mąka żytnia – 20,8%, słód żytni ciemny, sól.

Fajny chleb żytni pełnoziarnisty, zwykle z prostym składem. Szukaj takiego na naturalnym zakwasie z dodatkiem słodu żytniego zamiast cukru czy syropu glukozowego.

Skład **tortilli** to zwykle kilka linijek tekstu i przyznam, że chyba jeszcze nie widziałam takiej godnej polecenia – bez bajerów. Oczywiście jeśli dobrze się czujesz po spożyciu czy jesz sporadycznie, nie ma sprawy. Ja tam wolę prostsze rozwiązania.

Tortilla

Mąka pszenna - 63%, woda, tłuszcz roślinny (palmowy), stabilizatory: glicerol, karboksymetyloceluloza, guma guar, gluten pszenny, substancje spulchniające: difosforany, węglany sodu, glukoza (z pszenicy), sól, emulgator: mono- i diglicerydy kwasów tłuszczowych, regulator kwasowości: kwas jabłkowy, substancje konserwujące: propionian wapnia, sorbinian potasu, błonnik pszenny, środek do przetwarzania mąki: L-cysteina.

Pita – tu już łatwiej o prosty skład, chociaż zdarzają się wyjątki.

Pita

Mąka pszenna, woda, sól, drożdże, ocet, cukier, mąka słodowa pszenna.

Bułeczki mleczne – nie jestem do końca przekonana, czy dla tych 20% mleka w proszku warto faszerować się bajerami i sporą dawką cukru z tłuszczem.

Inne słodkie bułki paczkowane – nie. Po prostu nie.

Pieczywo chrupkie – ciekawe urozmaicenie, ale nie traktuj go jako lepszej czy zdrowszej formy pieczywa, zwłaszcza odmiany „lekkiej", którą uważam za dużo gorszą niż wersję standardową.

Pieczywo chrupkie light

Mąka żytnia - 58%, pełnoziarnista mąka pszenna - 25%, mąka pszenna, mleko w proszku odtłuszczone, ekstrakt słodu jęczmiennego, cukier, sól, olej rzepakowy, suchy zakwas żytni.

Zawartość tłuszczu - 2 g, cukry proste - 6 g na 100 g produktu.

Pieczywo chrupkie

Pełnoziarnista mąka żytnia, pełnoziarnisty zakwas żytni (pełnoziarnista mąka żytnia, woda), drożdże, ekstrakt słodu jęczmiennego, emulgator (mono- i diglicerydy kwasów tłuszczowych), sól.

Zawartość cukrów prostych – 0,3 g na 100 g produktu. Czyli w zwykłym żytnim pieczywie chrupkim jest 20 razy mniej cukru niż w wersji LIGHT. I to nie jest wyjątek w żywności LIGHT. Na szczęście odnoszę wrażenie, że trend LIGHT znika powoli z półek sklepowych.

Rarytasy typu grzanki, bruschetta – zwykle skomplikowany skład, chociaż da się znaleźć perełki.

Sucharki – hmm... Często spora dawka cukru i olej palmowy. Jeśli chcesz jeść codziennie, jestem na nie.

Bułki – z ręką na sercu trudno znaleźć takie z dobrym składem. Traktuję je jako urozmaicenie, ale bez szukania istotnych wartości prozdrowotnych.

Nie oczekuj zbyt dużo po bułkach orkiszowych, gryczanych itp. Najczęściej są to zwykłe buły pszenne ze śladową ilością (np. 5%) mąki orkiszowej lub gryczanej.

Bułka ciemna

Mąka pszenna, woda, mąka pszenna graham, drożdże, polepszacz do pieczywa (suchy zakwas żytni, glukoza, emulgatory (E472e, E471), mąka ze słodu pszennego, maltodekstryna, serwatka w proszku, gluten pszenny, stabilizatory (E341, E170), regulator kwasowości E263, skrobia.

Fajnie, że ciemna, ale sam kolor to troszkę za mało.

Bułka fitness

Mąka pszenna, woda, siemię lniane, nasiona sezamu, mąka żytnia, sól, drożdże, słód jęczmienny.

Fitness, czyli...?

Bułka gryczana

Mąka pszenna, woda, mieszanka do produkcji pieczywa gryczanego - 16,8%, kwas askorbinowy, sól.

Raczej nie gryczana, a pszenna, z niewielką ilością mąki gryczanej.

Bułki paczkowane – na przykład do hot dogów, hamburgerów, zwykle dość skomplikowane składy, aczkolwiek zdarzają się też proste.

Jeśli nie jesz takich bułek w ilościach hurtowych i codziennie, nie przejmuj się tu smalcem – w bułkach zwykle jest niewielka ilość.

Bułki paczkowane

Mąka pszenna, woda, olej rzepakowy, cukier, drożdże, smalec, sól.

Wafle ryżowe, kukurydziane itp. – nie są to powalające na kolana zamienniki chleba. Jako urozmaicenie – tak, jako produkt spożywany w ilości paczka dziennie – niekoniecznie. Zwykle mają bardzo prosty skład oparty na ryżu i/lub kukurydzy oraz soli. Jeśli kochasz, kupuj jak najbardziej urozmaicone wielozbożowe, z różnymi dodatkami typu amarantus.

PS Wafle ryżowe w czekoladzie zamiast tabliczki czekolady to całkiem ciekawy zamiennik.

11 *Wilk w mlecznej skórze*

Nie jestem fanką produktów odzwierzęcych jako sposobu na życie. Raczej skłaniam się do mniejszego udziału takich surowców w jadłospisie, ale z pewnością warto wiedzieć kilka rzeczy w temacie produktów mlecznych.

- **Po co je jemy:** niektórzy lubią smak, niektórzy potrzebują wapnia, jeszcze inni lecą tylko na białko. Plus oczywiście mleczko do kawusi.
- **Czy można bez:** bez problemu. Pamiętaj tylko o uzupełnieniu składników, których zwykle dostarcza nabiał, czyli np. wapnia i bakterii probiotycznych.
- **Ile jeść:** to zależy od tego, co jesz oprócz nabiału. Zasadniczo 100 g sera żółtego dziennie w pełni pokrywa zapotrzebowanie na wapń, podobnie jak trzy szklanki mleka czy trzy małe kubeczki jogurtu.
- **Na co uważać:** na przecukrzony nabiał reklamowany jako superprozdrowotne produkty. Nabiał z dodanym cukrem to nie jest dobre rozwiązanie dla nikogo, a jeśli siedzisz przy biureczku i tylko pochłaniasz – jest to wręcz słabe rozwiązanie.
Warto też zastanowić się, czy warto kupować nabiał 0,0% tłuszczu. Znaczna część składników mleka, w tym wiele witamin i minerałów, związana jest biologicznie z tłuszczem mleka – w tej postaci jest najlepiej wchłaniana i wykorzystywana.
- **Czego się nie bać:** mleka w proszku – to nie jest trucizna.

Mleko

Mleko jest emulsją typu olej w wodzie, wykazującą znaczną stabilność. Krowie od ludzkiego różni się tym, że ma prawie 3 razy więcej białka, mniej laktozy, więcej związków organicznych i trochę mniej tłuszczu. Wszystkie składniki odżywcze występujące w mleku krowim mają wysoką wartość biologiczną.

Głównym **białkiem** mleka jest kazeina, pozostałe nazywa się białkami serwatkowymi. Ze względu na zawartość wszystkich aminokwasów egzogennych białka mleka uważane są za jedne z najbardziej wartościowych. Ponadto przyswajalność białek mleka jest bardzo wysoka, co jest istotną informacją dla osób szukających większych dawek białka w jadłospisie.

Bardzo korzystne jest ze względów żywieniowych łączne spożywanie mleka jako dobrego źródła lizyny wraz z produktami zbożowymi, które mają niedobór tego aminokwasu egzogennego, np. płatków zbożowych z mlekiem czy pieczywa z serem dojrzewającym.

Tłuszcz to ok. 5% całkowitej wartości energetycznej mleka. Wysoki stopień zdyspergowania, czyli rozproszenia tłuszczu w mleku (zwłaszcza w mleku homogenizowanym), powoduje, że może być on wchłaniany w układzie pokarmowym bez wcześniejszej hydrolizy (to nie jest standardowa procedura, zwykle tłuszcze podlegają różnym reakcjom). Strawność tłuszczu mlecznego sięga 97–99%, występuje tu kilkaset rodzajów kwasów tłuszczowych, znaczenia żywieniowego niektórych z nich nadal nie znamy. Tłuszcz mleka krowiego jest najbardziej zbliżony składem do tłuszczu mleka ludzkiego. Charakteryzuje się wysoką zawartością krótkołańcuchowych kwasów tłuszczowych, które szybko dostarczają dużej ilości energii. Zaletą jest też obecność naturalnego sprzężonego kwasu linolowego cis-9, trans-11, czyli CLA, który wykazuje korzystne działanie prozdrowotne, np. przeciwmiażdżycowe, przeciwnowotworowe, przeciwalergiczne, wzmacniające odporność.

Wśród **cukrów** najważniejszym węglowodanem mleka jest laktoza, która stanowi 30% jego wartości energetycznej. Laktoza poprawia wchłanianie wapnia w jelicie cienkim, a także magnezu, fosforu i niektórych mikroelementów. Wpływa też na sprawniejsze wykorzystywanie witaminy D. Dzięki rozkładowi przez mikroflorę jelitową części laktozy do kwasu mlekowego zwiększa się kwasowość treści pokarmowej, co korzystnie wpływa na proces trawienia.

Wysoka biodostępność **wapnia** w produktach mlecznych wynika z korzystnego stosunku wapnia do fosforu (1,3:1,0) oraz występowania w mleku innych składników, które zwiększają jego przyswajalność (witaminy D, laktozy, peptydów). Przyswajalność wapnia z produktów roślinnych, np. zbożowych, nie przekracza 10%, natomiast z produktów mlecznych może sięgać 45%, a średnio 30%.

Na skład chemiczny mleka (podobnie jak w przypadku mięsa) największy wpływ mają nawyki żywieniowe. Niedobór energii, białka i związków azotowych w paszy powoduje spadek mleczności, zawartości białka i suchej masy w mleku. Niedobór błonnika w paszy warunkuje zawartość tłuszczu w mleku, a niska zawartość nienasyconych kwasów tłuszczowych skutkuje niską zawartością kwasu oleinowego w tłuszczu mlecznym.

W mleku surowym występują różne **drobnoustroje**, które dostają się do mleka z wymienia (np. *Streptococcus*) lub ze środowiska zewnętrznego (np. *Clostridium*).

W mleku surowym mogą też występować takie drobnoustroje chorobotwórcze jak *Escherichia coli, Listeria monocytogenes, Salmonella* (oczywiście są normy dotyczące dopuszczalnego stopnia zanieczyszczenia mikrobiologicznego).

Czy mleko zawiera antybiotyki?

Prawdą jest, że zwierzęta hodowlane otrzymują pewne preparaty farmaceutyczne. W każdym przypadku istnieją procedury, zalecenia producenta, dotyczące minimalnego okresu od zakończenia leczenia do daty udoju. Nawet jeśli zwierzę dostaje antybiotyk lub inne preparaty, są pewne normy i procedury, dzięki którym mleko powinno być wolne od substancji farmakologicznie czynnych. Mleko przeznaczone do przerobu nie powinno zawierać antybiotyków zarówno ze względów technologicznych (np. hamowanie rozwoju mlekowej mikroflory technicznej przy otrzymywaniu mlecznych produktów fermentowanych), jak i ze względów zdrowotnych, np. wywoływanie reakcji alergicznych u konsumentów, typu uodparnianie mikroflory chorobotwórczej na antybiotyki oraz negatywny wpływ na mikroflorę zdrowego człowieka.

Oczywiście nie da się odpowiadać za każdego hodowcę z osobna, ale firmy produkcyjne mają wewnętrzne systemy kontroli jakości. Przy szanowaniu zasad i zachowaniu zaleceń, zarówno mięso, jak i mleko nie powinny zawierać substancji farmakologicznie czynnych, typu antybiotyki.

Pamiętaj też, że z chemicznego punktu widzenia substancje te mają określony okres półtrwania w organizmie. To oznacza, że wcześniej czy później większość zostanie usunięta. To dokładnie tak samo jak u nas – gdy jesteśmy chorzy i bierzemy antybiotyki, musimy brać kolejne dawki, aby poziom substancji czynnej był odpowiednio wysoki. Po zakończeniu leczenia tych substancji po jakimś czasie nie ma już fizycznie w organizmie lub ich poziom jest bardzo niski. Te partie mleka czy mięsa, które podczas badań nie przejdą kontroli dotyczącej zawartości zakazanych substancji, powinny zostać wycofane ze sprzedaży. Na stronach internetowych określonych instytucji zajmujących się badaniami produktów spożywczych możesz sprawdzać komunikaty na ten temat.

Dlaczego mleko ma tak długi termin przydatności do spożycia?

Jest to możliwe dzięki pasteryzacji lub sterylizacji. Pasteryzacja to obróbka cieplna, która przede wszystkim ma na celu zniszczenie wszystkich drobnoustrojów chorobotwórczych. Równie ważnym celem pasteryzacji jest przedłużenie trwałości poprzez zniszczenie 99–99,9% mikroflory wegetatywnej powodującej psucie się oraz inaktywacja enzymów obniżających jakość. Minimalne parametry pasteryzacji mleka to 72°C/15 s. Przy produkcji mleka spożywczego stosuje się pasteryzację krótkotrwałą o podwyższonych parametrach (74–76°C/15 s). Na opakowaniu znajdziesz informację na ten temat, producenci zawsze ochoczo chwalą się, że mleko jest „nisko pasteryzowane, mikrofiltrowane", ale szukaj takich produktów w dziale chłodniczym – mleka nisko pasteryzowane stoją w lodówkach, a nie jak UHT na półkach. Jeśli kochasz mleko, właśnie takie z lodówki jest fajnym wyborem, bo zaletą krótkotrwałej pasteryzacji jest minimalny wpływ na cechy sensoryczne i wartość odżywczą.

Możesz też wybrać mleko zabezpieczane na drodze sterylizacji, której celem jest zniszczenie oprócz wszystkich wegetatywnych form drobnoustrojów również wszystkich przetrwalników. Dzięki temu podczas przechowywania mleka nie potrzebujesz lodówki. W Polsce powszechnie stosowana jest sterylizacja momentalna UHT, czyli mleko jest ogrzewane w przepływie w temperaturze minimum 135°C w czasie ponad 1 sekundy i aseptycznie pakowane w opakowania jednostkowe.

Czy mleko w proszku to produkt szkodliwy?

Nie, czemu? Suszenie to najstarsza metoda konserwowania żywności i sposób na zagospodarowanie nadwyżek. Faktem jest, że mleko w proszku różni się od mleka surowego, chociażby dlatego że jest poddawane innym procesom technologicznym. Przykładowo suszenie – można je przeprowadzić różnymi metodami, których przebieg rzutuje na jakość otrzymanego produktu. Metoda walcowa oznacza raczej niską jakość, jednocześnie określone cechy takiego produktu są wręcz pożądane, np. w produkcji czekolady. Z kolei metodą rozpyłową otrzymamy wyższą jakość produktu, co jest istotne np. przy produkcji mleka do odżywek dla dzieci.

Asortyment

UHT – to produkt pasteryzowany w wysokiej temperaturze. Przechowuje się je w temperaturze pokojowej, a po otwarciu – w lodówce i należy je spożyć zwykle w ciągu trzech dni.
Świeże – produkt nisko pasteryzowany, mikrofiltrowany, przechowuje się je wyłącznie w lodówce, jest świeży przez 1–5 dni po otwarciu, w zależności od zaleceń producenta.
Ekologiczne – też fajne, zwłaszcza jak nisko pasteryzowane.
Specjalne – do wyboru coraz więcej rodzajów, przykładowo: mleko z wysoką zawartością białka, mleko do kawy, mleko dla dzieci, mleko bez laktozy, mleko wzbogacone. Kupowanie niektórych faktycznie ma sens, inne to czysty chwyt marketingowy. Nie daj się nabierać na opisy bez pokrycia – sprawdzaj i porównuj informacje zawarte w tabeli wartości odżywczych.
Kozie, owcze – ciekawa alternatywa, ale zwróć uwagę na skład tych w proszku, mogą zawierać całkiem sporo tłuszczu (nawet 33%!).

Mleka smakowe

Mleko, czekolada w proszku – 4,1% (kakao, cukier), cukier, emulgator: mono- i diglicerydy kwasów tłuszczowych, stabilizator: karagen, aromat.

Trochę dramat, bo zawartość cukru na poziomie 10 g na 100 ml i cukier mleczny wcale nie jest tutaj w przewadze. Czy wyobrażasz sobie przygotowaną samodzielnie szklankę mleka z dosypanymi dodatkowo kilkoma łyżeczkami cukru? Obrzydlistwo.

Mleko w tubce

Mleko, cukier (sacharoza) - 44,5%.

Niektórzy wspominają z rozrzewnieniem czasy, gdy latało się po podwórku z taką metalową tubką w plecaku. No właśnie, drobny detal – latałaś po podwórku, a nie modliłaś się przed ekranem. Ten produkt to tak naprawdę potężny zastrzyk cukru, bo całkowita zawartość przekracza tu 50% (55 g na 100 g), zatem jeśli zjesz całą tubkę naraz, aplikujesz sobie jednorazowo **82,5 g cukru, czyli 16,5 łyżeczki**. Dałabyś radę zjeść tyle na sucho?

Mleko zagęszczone

W biurach nadal kupują je do kawy i widzę, że popyt jest niemały – asortyment z każdym rokiem poszerza się o nowe atrakcje. Pamiętaj, że klasyczna wersja to większa dawka tłuszczu (np. 7–8%) niż normalne mleko, jeśli chcesz mniej – w ofercie są też takie 4% czy nawet 0,5%.

Zawartość cukru w porównaniu ze zwykłym mlekiem też jest w tym zagęszczonym zawsze większa (w końcu jest zagęszczone) – nawet w wersji niesłodzonej to prawie 10%, natomiast w słodzonej – to ponad połowa składu. Oczywiście są to też cukry pochodzenia naturalnego, nie tylko dodane. Tyle że tych dodanych jest zdecydowanie więcej. Jeśli pijesz takie mleko tylko do kawy – raz dziennie i naprawdę niewielką ilość – nie ma sprawy. Ale jeśli takie opakowanko schodzi ci na jeden dzień w pracy, bo pseudolatte leci razy 4, to już troszkę za dużo tego cukru z tłuszczem i rozważałabym jednak zamianę zagęszczonego na mleko zwykłe – są przecież mniejsze opakowania niż litrowe.

Ponadto mleko zagęszczone często jest bogate w stabilizatory, np. fosforany sodu, co jest średnio fajne, bo fosforanów wszędzie dookoła mamy aż nadto.

Jogurty

Jogurt pili już Egipcjanie 4000 lat temu, chociaż prawdopodobnie pochodzi z Indii. Kiedyś jogurt był wytwarzany przez ludność wiejską z mleka bawolego, a następnie z koziego i krowiego. Między innymi z systematycznym spożywaniem jogurtu wiąże się długowieczność ludów krajów bałkańskich i Kaukazu. Zaraz dowiesz się dlaczego.

Skład

Mleczne napoje fermentowane są cennym źródłem składników pokarmowych o wysokiej wartości odżywczej i biologicznej. Obecność kwasu mlekowego w znaczący sposób ułatwia proces trawienia i przyswajania wapnia i żelaza.

Istotne jest, że przy dobrym składzie mamy tu bardzo wysoką strawność – zawarte w jogurcie enzymy bakteryjne wspomagają nadtrawianie (pełnowartościowych!) białek i uwolnienie niezbędnych dla naszego organizmu wolnych aminokwasów. W wyniku działania enzymów bakteryjnych, a także zwiększonego wydzielania żółci i soków trawiennych podnosi się aktywność trawienia tłuszczu, a zawarte w mleku fermentowanym mikroorganizmy syntetyzują w jelitach witaminy z grupy B.

Napoje fermentowane zawierają też substancje o właściwościach antybakteryjnych, które hamują wzrost i aktywność mikroflory gnilnej w jelitach. Działanie hamujące rozwój bakterii patogennych polega przede wszystkim na obniżaniu pH w okrężnicy poprzez wytworzenie krótkołańcuchowych kwasów tłuszczowych, a także wynika ze zdolności bakterii kwasu mlekowego do produkowania związków o charakterze antybiotycznym. Wśród związków hamujących rozwój mikroflory patogennej za najważniejsze uważa się kwasy organiczne, nadtlenek wodoru i bakteriocyny. Ale właściwości te związane są ze szczepem, nie gatunkiem bakterii, ponieważ istnieje ogromna zmienność międzyszczepowa w obrębie jelitowych gatunków bakterii mlekowych.

Mikroflora

Dodatkową (i wyjątkową!) zaletą mlecznych napojów fermentowanych jest ich korzystny wpływ na skład mikroflory jelitowej, a dzięki temu na funkcjonowanie układu pokarmowego. Obecność bakterii z rodzaju *Lactobacillus* i *Bifodobacterium* w jelitach człowieka jest zjawiskiem naturalnym i jak najbardziej pożądanym. Niestety wpływ na populację może mieć np. przyjmowanie różnych substancji, leków oraz stres, a także niewłaściwa dieta i zakażenia pokarmowe. Spożywanie żywych bakterii kwasu mlekowego np. z mlecznymi napojami fermentowanymi to bardzo dobry sposób na utrzymanie równowagi jelitowej. Jest to szczególnie ważne podczas przyjmowania antybiotyków, bo może zapobiec zaburzeniom pracy układu pokarmowego, często wywoływanym przez antybiotyki.

Bakterie kwasu mlekowego to drobnoustroje szeroko rozpowszechnione w środowisku i od niepamiętnych czasów wykorzystywane do naturalnego ukwaszania żywności. Ich wspólną cechą jest zdolność fermentacji różnych cukrów, w której wyniku powstają głównie kwas mlekowy i pewne ilości innych składników. W mleku bakterie kwasu mlekowego fermentują laktozę, w materiale roślinnym zaś glukozę lub inne cukry. Proces samoistnej fermentacji mlekowej, czyli zachodzącej pod wpływem bakterii fermentacji mlekowej obecnych naturalnie na materiale roślinnym, jest wykorzystywany także do kiszenia kapusty i ogórków!

Co to jest **PROBIOTYK?**

Jest to produkt żywnościowy lub preparat zawierający pojedyncze lub mieszane hodowle żywych drobnoustrojów, które wywierają korzystny wpływ na zdrowie, jeżeli zostały podane w odpowiedniej ilości. Wybrane szczepy (nie wszystkie żywe bakterie tak działają!) mają udokumentowane właściwości prozdrowotne.

- Zwiększają odporność człowieka na kolonizację przez mikroflorę obcą, m.in. chorobotwórczą.

- Pomagają obniżać poziom cholesterolu we krwi w wyniku zmiany składu mikroflory jelitowej.
- Hamują aktywność mikroflory kancerogennej.
- Pomagają w obniżaniu poziomu toksycznych metabolitów kancerogennych, co zmniejsza ryzyko występowania nowotworów.
- Stymulują układ immunologiczny, co pomaga w zwiększeniu odporności organizmu.
- Przywracają naturalny, właściwie funkcjonujący układ mikroflory jelitowej.

Co to jest PREBIOTYK?

Może nie w temacie jogurtu, ale wiele osób myli probiotyk z prebiotykiem, poza tym na rynku są preparaty łączone (tzw. synbiotyki), dlatego od razu załatwmy ten temat.

Prebiotyki to składniki żywności, które nie są trawione przez człowieka (w całości podlegają fermentacji w okrężnicy), a które mogą być korzystne dzięki stymulowaniu wzrostu lub aktywności bakterii *Lactobacillus* i *Bifidobacterium* w układzie pokarmowym. Jako prebiotyki wykorzystywane są fruktooligosacharydy, np. inulina, oraz inne oligosacharydy. Związki te nie są jakimiś magicznymi substancjami obecnymi wyłącznie w drogich suplementach. Występują one naturalnie, np. w mleku ludzkim, warzywach i owocach. Ich sposób działania polega też na poprawie przyswajania składników mineralnych, np. wapnia i żelaza, w jelicie grubym poprzez zakwaszenie treści jelitowej i dzięki temu zwiększeniu rozpuszczalności składników mineralnych, czyli w efekcie na poprawie bilansu wapniowo-fosforowego.

Nietrawione węglowodany wpływają też na wydłużenie procesu trawienia i wchłaniania, czego wynikiem jest opóźnienie reakcji insuliny na wchłaniane cukrów oraz obniżenie glikemii poposiłkowej, a także wolniejsze tempo wchłaniania kwasów tłuszczowych. Działanie to sprzyja zapobieganiu cukrzycy i otyłości. Spożywanie inuliny i oligofruktozy może przyczyniać się też do zmniejszenia ryzyka zachorowania na nowotwory, np. raka okrężnicy. Dzieje się to przez hamowanie rozwoju zmian zapalnych oraz obniżenie tempa rozwoju nowotworów w jednym ognisku zapalnym. Powstające w procesie fermentacji krótkołańcuchowe kwasy tłuszczowe mogą stymulować prawidłowy rozwój komórek nabłonka, stanowią też źródło energii, dzięki czemu zmniejszają wykorzystanie glutaminy przez enterocyty, wspomagając w ten sposób układ immunologiczny.

Niestety, nie ma róży bez kolców. Po spożyciu prebiotyków u niektórych osób mogą również wystąpić objawy uboczne, np. biegunki, wzdęcia czy nadmierna ilość gazów. Jak to po błonniku.

Dlaczego do jogurtu daje się mleko w proszku?

Jogurt jest napojem otrzymywanym z lekko zagęszczonego mleka wysoko pasteryzowanego, najczęściej przez odparowanie lub dodatek 1–4% odtłuszczonego mleka w proszku.

Dodatek tego ostatniego podwyższa zawartość suchej masy beztłuszczowej mleka, co daje zwiększenie zwięzłości skrzepu, podwyższenie lepkości oraz zmniejszenie tendencji do synerezy (np. wydzielenie się serwatki), a także przekwaszanie produktów w czasie przechowywania. Zawartość suchej masy w mleku przeznaczonym na jogurt można zwiększyć nie tylko przez odparowanie lub dodatek mleka zagęszczonego. Do jogurtu dodaje się też np. białka mleka – procedury te mają na celu ujednolicenie struktury. Klient, otwierając jogurt, nie chce oglądać rozwarstwionego produktu, traktuje to jako oznakę niższej jakości lub wręcz początek zepsucia i brak przydatności do spożycia. Jest to kompletną bzdurą, bo rozwarstwienie się produktu i występowanie cieczy nad porcją jogurtu w kubeczku jest zjawiskiem zupełnie naturalnym i nie ma nic wspólnego z jakością ani brakiem przydatności do spożycia. Wystarczy zmieszać produkt przed otwarciem i otrzymamy bardziej jednolitą konsystencję. Albo ustabilizować strukturę, by jogurt po otwarciu miał aksamitną, kremową konsystencję. Cóż, może w badaniach odpowiesz, że nie chcesz dodatków spożywczych, ale jak przychodzi co do czego i decydujesz się na zakup - z automatu kierujesz się względami wizualnymi i wybierasz ten ładniejszy. A producent przecież nie jest idiotą i nie będzie produkował tego, co się nie sprzeda.

Asortyment

Z jogurtami sprawa jest prosta, jeśli nie masz czasu na babraninę z czytaniem składów - wybieraj zawsze naturalne. Jeśli nie masz problemów zdrowotnych (np. nietolerancje), nie przejmuj się, że jogurt zawiera dodatkowe białka mleka lub mleko w proszku.

Zastanów się, czy warto inwestować w produkty tylko udające zdrowe. Faktycznie, jogurt naturalny i inne mleczne napoje fermentowane mają niezaprzeczalne walory prozdrowotne, ale pod jednym warunkiem: że ktoś nie wpadł na genialny pomysł dosypania kilograma cukru, dolania wiadra syropu glukozowo-fruktozowego lub dodania innego tłuszczu niż mleczny. Nie bardzo rozumiem reklamowanie niektórych jogurtów jako „prozdrowotne", jeśli w rzeczywistości stanowią potężne źródło cukru w naszym codziennym życiu. Dla mnie produkt zawierający przykładowo 6 łyżeczek czystego cukru dosypanego do opakowania 0,5 l jest po prostu jednym ze słodyczy i chyba nie ma co udawać, że „a teraz skupmy się na właściwościach prozdrowotnych". Nie! Skupmy się na eliminowaniu bezmyślnie spożywanych ton cukru pod płaszczykiem jakichkolwiek właściwości prozdrowotnych.

Nie jestem też fanką **jogurtów owocowych** jako codziennego *must have*. Często nie mają zbyt wiele wspólnego z owocami, natomiast z cukrem - owszem. Nie nabieraj się na hasła w stylu „premium", super, ekstra, turbo, gigantyczne kawałki owoców. Wystarczy szybki rzut oka na skład lub tabelę wartości odżywczych i wszystko jasne.

Przeciętny jogurt naturalny zawiera około 5 g cukru na 100 g produktu. Owocowy nawet trzy razy więcej, z czego $^{2}/_{3}$ to cukier dosypany.

Jak żyć?

Jeśli kochasz jogurt owocowy i nie potrafisz z niego zrezygnować, masz dwa wyjścia:

- **kup** jogurt naturalny z prostym składem i dodawaj świeże lub suszone pokrojone owoce,
- **kup** jogurt naturalny + swój ulubiony owocowy i rozcieńczaj! Zacznij od niewielkiego dodatku jogurtu naturalnego i stopniowo zwiększaj proporcje w kierunku mniejszej ilości owocowego.

Czy da się kupić dobry jogurt owocowy?

Da się kupić i jest coraz więcej lepszych jogurtów owocowych na rynku. Takich z większą ilością składnika pochodzącego z owoców zamiast cukru albo po prostu z mniejszą ilością cukru – na poziomie 10 g na 100 g produktu.

Jogurt super ekstra coś tam

Mleko, owoce (truskawki, sok truskawkowy z koncentratu, poziomki), mleko zagęszczone odtłuszczone, syrop glukozowo-fruktozowy, cukier, koncentrat soku z buraków czerwonych, aromat, żywe kultury bakterii.

Ile owoców? Nie wiadomo, za to super ekstra zawartość cukru na poziomie 13,8 g na 100 g. Czyli w kubeczku 150 g ponad 4 łyżeczki cukru. Połowa lub zwykle większość to cukier dodany.

Jogurty pitne

Kolejne pole do popisu, jeśli chodzi o przecukrzanie organizmu. Jeśli nie czytasz etykiet i nie zwracasz uwagi na tabele wartości odżywczych, przyjmij, że jogurt pitny jest jednym z rodzajów słodyczy

Jogurt pitny

Mleko, owoce (truskawki, sok truskawkowy z koncentratu, poziomki), mleko zagęszczone odtłuszczone, syrop glukozowo-fruktozowy, cukier, koncentrat soku z buraków czerwonych, aromat, żywe kultury bakterii.

W dużej (0,5 l) butelce może być bez problemu nawet 11 łyżeczek cukru. Oczywiście jest tam również cukier pochodzenia naturalnego, co nie zmienia faktu, że ponad połowa z tych 11 łyżeczek może być zwykłym cukrem białym dodanym. Raczej słabo.

Jogurty wysokobiałkowe, MEN, SKYR itp.

Nie nabieraj się na hasła typu „więcej białka" czy „for MEN". Niestety zawsze trzeba spojrzeć na tabelę wartości odżywczej i sprawdzić faktyczną zawartość. Jeśli producent deklaruje wyższą zawartość białka, sprawdzaj w tabeli wartości odżywczych, czy zawartość jest faktycznie dużo wyższa. Jeśli jest np. 8 g i więcej na 100 g produktu, to oczywiście nie jest to 20 g na 100 g, ale zjadając porcję 200–300 g (a tyle ma opakowanie), aplikujesz sobie 16–24 g białka, więc nadal jest to ciekawy dodatek i jedna z propozycji białkowych, aby non stop nie pchać mięsa.

Jeśli opakowanko zawiera np. 4 g, to nie ma co robić „halo" z zawartości białka.

Jogurt dla mężczyzn

Mleko, cukier, zboża – 2,4%: jęczmień, pszenica, płatki owsiane, płatki żytnie, gryka, orkisz, ryż, otręby pszenne, otręby żytnie, skrobia modyfikowana kukurydziana, ziarna słonecznika – 0,9%, jagody – 0,5%, czarne porzeczki – 0,5%, ziarna dyni – 0,4%, substancja zagęszczająca: pektyny, naturalny aromat, koncentrat z marchwi, winogron i aronii, barwnik: karminy, żywe kultury bakterii jogurtowych oraz *L. acidophilus* i *Bifidobacterium lactis.*

Białka niestety niewiele więcej niż w wersji klasycznej, mimo deklaracji.

Jogurty greckie

Możesz śmiało stosować do sosów, ciast oraz jako zamiennik śmietany, ponieważ mają trochę więcej tłuszczu niż przeciętny jogurt.

Jogurty 0%, light

Jeśli nie ma wskazań medycznych, raczej omijaj je szerokim łukiem. Ponadto jogurty smakowe tego typu mogą zawierać dosypaną fruktozę i/lub słodziki, co jest kompletnie niepotrzebne dla przeciętnego użytkownika.

Jogurt light

Mleko, owoce (wiśnie i sok wiśniowy z koncentratu), syrop fruktozowy, białka mleka, koncentrat soku z buraków czerwonych, koncentrat z marchwi, aronii i winogron, substancje słodzące: aspartam, acesulfam, aromat, żywe kultury bakterii.

Jeśli nie masz wyraźnych wskazań medycznych, odpuść takie wynalazki. Naprawdę nie potrzebujesz w swojej diecie syropu fruktozowego.

Jogurty ze zbożami

Nie powalają na kolana, niestety. Zwykle kończy się jedynie na dużym napisie „zboża" oraz rysuneczkach kłosów na opakowaniu. Plus oczywiście całkiem sporej zawartości cukru.

> Jogurt ziarna zbóż
>
> Mleko, owoce - 8,5%, cukier, mleko zagęszczone, białka mleka, zboża - 2,5%, barwnik, aromat, kultury bakterii.
> **Zawartość cukru - 5,5 łyżeczki w opakowaniu, większość to cukier dodany. Warto dla tych 2,5% zbóż?**

Jogurty typu „tylko 3 składniki"

Fajnie, że prosty skład, ale jeśli jednym z tych składników jest cukier i jest go całkiem sporo, to nadal jest to słaby wybór.

Drogie jogurty w szkle

Wyglądają dość ekskluzywnie i na tym zalety się kończą. Jak zwykle: dużo cukru i/lub syropu, mało owoców, bajery. Zobacz sama.

> Jogurt, wsad malinowy (woda, cukier, maliny - 3%, syrop glukozowo-fruktozowy, skrobia modyfikowana, substancje zagęszczające: pektyny, guma guar, aromat, barwnik: karminy), cukier, skrobia modyfikowana, laska wanilii, aromat, substancja zagęszczająca, barwnik.

Jogurty ekologiczne

Jestem „na tak", aczkolwiek pamiętaj, że ekologiczne jogurty owocowe są nadal źródłem cukru i ten cukier - mimo że jest ekologiczny - działa dokładnie tak samo negatywnie w nadmiarze jak zwykły cukier.

Mleko, wsad owocowy (cukier trzcinowy, sok jagodowy z koncentratu - 4%, jagody - 2%, płatki jęczmienne - 0,75%, płatki owsiane - 0,75%, jęczmień - 0,5%, owies - 0,5%, żyto - 0,5%, otręby pszenne - 0,25%, skrobia kukurydziana, naturalny aromat, koncentrat soku z cytryny), substancje zagęszczające (pektyny, mączka chleba świętojańskiego), kultury bakterii.

Zawartość cukru - 5,8 łyżeczki w opakowaniu, większość to cukier dodany. I co z tego, że ekologiczny?

Jogurty bez laktozy, kozie, owcze, sojowe, kokosowe

Jasne, czemu nie! Byle naturalne lub owocowe z niską zawartością cukru dodanego.

Pseudojogurty

Niby jogurt, ale nie jogurt. Jeśli nie ma napisu „jogurt", nie jest to jogurt, tylko deser mleczny. Nie do końca rozumiem ideę takich produktów, poza niską ceną oczywiście. Jak dla mnie – szkoda pieniędzy.

Pseudojogurt

Mleko, serwatka odtworzona, woda, cukier, śmietanka, skrobia modyfikowana, żelatyna, aromat, kultury bakterii, proszek truskawkowy, barwnik (karminy), witaminy.

Jogurty „prozdrowotne"

Nie jestem przekonana, czy dwu-, trzykrotnie większa dawka cukru w porównaniu z jogurtem naturalnym będzie działała superprozdrowotnie, nawet jeśli dodamy śladowe ilości soku czy dodatkowe szczepy bakteryjne oraz witaminy syntetyczne. Szczerze mówiąc, wolałabym zjeść zwykły jogurt naturalny z żywymi bakteriami probiotycznymi niż to.

> Mleko odtłuszczone, syrop cukrowy, odtworzony przecier owocowy - 1%, sok owocowy odtworzony z zagęszczonego soku - 1%, glukoza, aromat naturalny, bakterie jogurtowe, witaminy.

Czy naprawdę uważasz, że warto aplikować sobie dodatkową porcję cukru dla autorskiego szczepu bakterii jogurtowych? Jeśli chcesz koniecznie wybrać taki jogurt, poszukaj naturalnego.

Jogurty dla dzieci

Zwykle tragedia. Zwłaszcza gdy dołączone są dodatki typu draże, żelki itp. i naprawdę niewiele tu pomoże, że na opakowaniu jest napis „brak syropu glukozowo-fruktozowego", bo w składzie i tak mamy dawkę cukru dodanego. Jak żyć? Wybieraj zwykłe – naturalne, dodaj owoce lub mieszaj naturalny z jogurtem owocowym lub naturalny z łyżeczką prawdziwego polskiego miodu.

Kefiry, maślanki

Do najpopularniejszych na rynku polskim napojów fermentowanych mlecznych należą oprócz jogurtów: kefir, maślanka, mleko zsiadłe i mleko acidofilne.

Kefir jest napojem fermentowanym, w którym oprócz fermentacji mlekowej pod wpływem bakterii kwasu mlekowego zachodzi również fermentacja alkoholowa pod wpływem drożdży zdolnych do rozkładu laktozy. W kefirze powstają znaczne ilości dwutlenku węgla, co nadaje mu orzeźwiający, lekko musujący charakter i powoduje specyficzne wybrzuszenie wieczka. Z tego powodu wzdęcie wieczka opakowania kefiru niekoniecznie jest jego wadą jakościową, może być objawem żywotności drobnoustrojów technicznych, czyli celowo użytych do produkcji. Czyli dobrze.

Sytuacja podobna do tej z jogurtami. Warto wybierać kefiry i maślanki na zmianę z jogurtem, ale zachęcam do zakupu produktów naturalnych zamiast smakowych. Nie potrzebujesz dodatkowej porcji cukru, chyba że uczciwie traktujesz taki kefir czy maślankę smakową jako deser.

Desery mleczne

Lodówki wręcz pękają w szwach od nadmiaru asortymentu deserków opartych na mleku z cukrem. Do wyboru mamy przeróżne rodzaje ryżu, kaszki, budynie, kremy z dżemem optymistycznie nazywanym „owocami", serki na duży i mały apetyt oraz moje „ulubione", czyli jogurto-desery z kolorowymi posypkami, drażami, żelkami i innymi cudami. Według reklamy – jedząc taki desero-jogurt, przeniesiemy się w krainę wiecznego spokoju i szczęśliwości albo będziemy najedzeni po wsze czasy, ewentualnie pojawi się niedźwiedź czy chociaż zawiruje świat. Jeśli nie wiesz, co wybrać – rzuć okiem na wartości odżywcze, a tam „cukry". Przypominam, że przeciętny jogurt czy zwykłe mleko to ok. 5 g cukru naturalnego na 100 g produktu. Jeśli wybierasz deserek, najprawdopodobniej z tych 15–17 g cukru na 100 g produktu aż 10–12 g zostało radośnie dosypane przez producenta.

Mało tego – nie zawsze jesz 100 g, często deserki mają 120, 150 albo i 200 g, więc suma dodanego cukru zamyka się w 2–5 dodanych łyżeczkach. Troszkę sporo, jak na niewinny mleczny deserek, nawet jeśli miałby odmienić moje życie na 3 minuty.

Słowo o budyniach czy puddingach czekoladowych – do wyboru masz te z większą i mniejszą zawartością tłuszczu. Pamiętaj o tym, że tłuszcz wpływa na kilka parametrów produktu, m.in. na smak i konsystencję. Jeśli zabierasz tłuszcz, trzeba będzie ten „light" jakoś zebrać do kupy. Nie oczekuj od produktu z niską zawartością tłuszczu tego samego smaku i aksamitnej konsystencji. Najczęściej to po prostu odbajerzone mleko z cukrem – przeciętnie 4–6 łyżeczek w opakowaniu.

Mleczne i twarogowe batony

Cóż, nie chcę być nudna, ale jest to najczęściej po prostu mleko z potężną dawką cukru, a nierzadko zdarzają się również tłuszcze roślinne utwardzone czy częściowo utwardzone. Tak więc mimo starań sztabu ludzi od opakowań, czyli kolorowych zwierzątek, szklanek mleka i innych absurdów graficznych – wolałabym kawałek ciasta drożdżowego z prawdziwą szklanką mleka niż to przecukrzone, udające zdrowe śmieciowe jedzenie.

Śmietany

Wśród śmietan możemy znaleźć różne cuda, które powinny zostać na półkach sklepowych, zamiast znaleźć się w twojej lodówce.

Emulsja tłuszczowa (serio – tak to się nazywa)

Maślanka - 77% (z mleka), tłuszcz palmowy - 18%, odtłuszczone mleko w proszku, śmietanka - 1% (z mleka), skrobia modyfikowana, emulgator (mono- i diglicerydy kwasów tłuszczowych), stabilizatory (pektyny), barwnik (karoteny).

Nie wiem, czy się śmiać, czy płakać.

Produkty śmietanopodobne wyglądają prawie **identycznie** ze śmietaną, tyle tylko, że jeśli nie ma napisu „śmietana", NIE JEST TO ŚMIETANA. A tłuszcz mleczny na tyle różni się od palmowego, że ma znaczenie, co kupujesz.

Wśród prawdziwych śmietan też trudno znaleźć produkt o prostym składzie, a wynika to (ponownie) z preferencji konsumenckich. Wyobraź sobie, że zapraszasz teściów na obiad, wszystko ładnie posprzątane, podane, zupa paruje na stole, podajesz śmietanę, bo lubią, i nagle koniec.

Ten piękny obrazek psują kłaki ściętego produktu pływające w pięknym „talerzu na specjalne okazje". Znajomy obrazek?

Klient nie chce produktu, który się warzy lub zachowuje w sposób nieprzewidywalny. Klient chce, żeby „zawsze wszystko się udawało bez niespodzianek". Ceną, jaką płacisz za spokój, są produkty ze wspomaganiem.

12 *Artykuły seropodobne*

Wartości odżywcze serów dojrzewających, podobnie jak napojów fermentowanych, pod pewnymi względami są nawet większe niż mleka. Na szczęście z serami jest względny spokój, poza kilkoma detalami, które warto znać.

- **Po co je jemy:** bo chcemy zjeść trochę wapnia, tłuszczu mlecznego, no i oczywiście ze względu na walory smakowe – kochamy sery!
- **Czy można nie jeść:** jasne, że można. Ale zadbaj o podaż wapnia.
- **Ile jeść:** nie przesadzaj, sery to tłuste lub bardzo tłuste produkty. Mimo że ten tłuszcz nie jest najgorszej jakości, przesada w każdym względzie nie jest wskazana.
- **Na co uważać:** na skład! Po pierwsze, nadal zdarzają się w sklepach sery konserwowane azotynem sodu (E250). Po drugie, kobiety w ciąży powinny uważać na produkty z mleka niepasteryzowanego (surowego) – zawsze w składzie jest napisane, z jakiego mleka pochodzi ser. Po trzecie, czytaj etykiety serów ze skórą! Jeśli skórka jest np. z antybiotykiem, jest ona **niejadalna** i to wyraźnie napisano na opakowaniu.
- **Czego się nie bać:** tłuszczu (ale nie popadaj w skrajności) i tego, że sery zawierają toksyny.

Kilka uwag

Białko

Zawartość białka w serach dojrzewających waha się od 20 do 40% i są to białka pełnowartościowe, tzn. zawierają wszystkie egzogenne aminokwasy. UWAGA! Wskaźnik wykorzystania białka netto dla serów dojrzewających, takich jak gouda lub camembert jest na poziomie 53–56%. Jeśli szukasz dodatkowych źródeł białka, postaw raczej na sery twarogowe, gdzie wskaźnik wykorzystania jest na poziomie ok. 72%. Niestety, nie ma ideałów – przy dużej podaży twarogu musisz zwrócić uwagę na podaż wapnia. Nie dość, że nadmiar białka w diecie może obciążać nadmiernie wątrobę i nerki, przyczyniając się do ich późniejszej niewydolności, dodatkowo ubocznym produktem przemiany aminokwasów jest mocznik, który zakwasza organizm. W celu jego zneutralizowania z kości uwalniany zostaje wapń. Konsekwencją nadmiaru spożycia białka w stosunku do wapnia może być rozwój osteoporozy w późniejszym wieku. Ujemny wpływ białka na bilans wapniowy ujawnia się wówczas, gdy stosunek zawartości wapnia do białka w diecie jest niższy od 20. We wszystkich produktach mlecznych stosunek ten jest bardzo korzystny, znacznie wyższy niż 20. Wyjątek stanowią właśnie sery twarogowe, gdzie wynosi on od 5 do 10.

Wapń

Sery podpuszczkowe, np. gouda, należą do produktów mlecznych fermentowanych, które oprócz pełnowartościowego białka i łatwo strawnego tłuszczu mlecznego są przede wszystkim jednym z najlepszych źródeł bardzo dobrze przyswajalnego wapnia (w przeciwieństwie do serów twarogowych). Aby pokryć pełne dzienne zapotrzebowanie na wapń, należałoby spożyć ok. 100 g sera typu holenderskiego (sporo tłuszczu) lub aż 1000 g twarogu (sporo białka).

W serach podpuszczkowych występuje też korzystna proporcja wapnia do fosforu (1,2:1). Proporcja taka zapewnia dobrą mineralizację kości, które zbudowane są m.in. ze związków wapnia i fosforu. Również bardzo dobry stosunek wapnia do białka w serach podpuszczkowych przy dodatkowo dużej zawartości przyczynia się do wysokiej biodostępności wapnia.

Wapń a fosfor

Jeśli nie zwracasz zbytnio uwagi na to, co jesz, prawdopodobnie dotyka cię niekorzystne zjawisko związane ze złym stosunkiem ilości spożywanego wapnia do ilości fosforu. Nadmiar fosforu w diecie wynika z nadmiernego spożycia żywności w ogóle oraz z powszechnego stosowania fosforanów jako dodatku do produktów spożywczych.

Otwórz lodówkę i poczytaj składy – ile produktów, które na co dzień spożywasz, jest dodatkowym źródłem fosforanów? A teraz przejrzyj etykiety napojów, zwłaszcza tych gazowanych. W nabiale to sery topione są przykładem produktu o niewłaściwym stosunku wapnia do ilości fosforu, ze względu na dodatek soli fosforowych (polifosforanów sodu) jako topników.

Tłuszcz

W Polsce zawartość tłuszczu w serach deklarowana jest najczęściej w przeliczeniu na suchą masę, co jest niezrozumiałe i mylnie interpretowane jako zawartość tłuszczu ogółem.

Przykładowo ser o 10% zawartości tłuszczu i 30% zawartości suchej masy będzie miał tyle samo tłuszczu co ser o 20% zawartości tłuszczu i 60% zawartości suchej masy. Dlatego warto rzucić okiem na zawartość tłuszczu w gramach na 100 g sera, czyli jak zawsze – na tabelę wartości odżywczych.

Uwaga! Serem nie można nazwać produktu, w którym jakikolwiek ze składników zastąpiono dodatkiem niemlecznym, np. ser z dodatkiem tłuszczu roślinnego jest produktem seropodobnym. Nie ma prawa mieć słowa „ser" w nazwie, dlatego producenci kombinują z nazwami w stylu „kremowy", „kanapkowy" itp.

Dojrzewanie serów

Z 10 kg mleka otrzymuje się 1 kg sera podpuszczkowego lub 2 kg sera twarogowego.

Ser dojrzewający (potocznie nazywamy serem żółtym) nie jest gotowy do konsumpcji bezpośrednio po wyrobie. Wymaga dojrzewania w określonym czasie i odpowiednich warunkach, w celu wywołania procesów biochemicznych i fizycznych kształtujących charakterystyczne dla niego cechy. Dojrzewanie sera to nie tylko kształtowanie charakterystycznego smaku, aromatu, konsystencji – to również przemiany, dzięki którym ser jest łatwiej strawny.

Sery pleśniowe to też sery dojrzewające, w ich dojrzewaniu główną rolę odgrywa rozwój typowych dla danego sera pleśni wewnątrz lub na jego powierzchni.

Sery niedojrzewające to sery świeże, które są gotowe do konsumpcji bezpośrednio po wyrobie, np. sery białe (twarogowe).

Asortyment

Sery żółte

Wybieraj wedle smaku, ale nie kupuj ciągle tego samego. Obecnie niemal w każdym sklepie jest dość szeroki asortyment. Zamiast kupować zawsze delikatną goudę, sięgnij np. po nieco wyrazistszego mazdamera. Kupując zwłaszcza sery paczkowane, zwróć uwagę na brak konserwantów. Rzadko się zdarzają, ale zdarzają.

Ser gouda
Mleko, sól, stabilizator: chlorek wapnia, kultury bakterii, podpuszczka mikrobiologiczna, substancja konserwująca: azotan potasu, barwnik: annato.

Barwnik annato to typowy dodatek do serów żółtych, podobnie jak karoteny. Klient oczekuje sera „żółtego", a nie „białawego". Barwniki te to raczej nic groźnego w przeciwieństwie do azotanów, których większość serów na polskim rynku jednak nie zawiera.

Sery pleśniowe

Zwróć uwagę na opis na opakowaniu dotyczący skórki. Nie zawsze można ją jeść. Zdarza się, że zawiera substancje działające niekorzystnie przy codziennym spożywaniu. Zawsze jest informacja na opakowaniu, np. „nie należy spożywać skórki", jeśli jest niejadalna.

Sery topione

Kiedyś bardzo popularne, obecnie na szczęście coraz mniej. To najsłabszy wybór z całego asortymentu nie tylko ze względu na marny stosunek ilości tłuszczu do wartości odżywczych, ale też niewłaściwy stosunek wapnia do fosforu. Aha, jeszcze jedno: sery topione z plasterkami oddzielnie pakowanymi, mimo iż wyglądają jak ser żółty – to nadal SERY TOPIONE. Tyle że w plasterkach.

Ser topiony śmietankowy
Odtłuszczone mleko, ser – 28%, masło, odtłuszczone mleko w proszku, sole emulgujące: E450, E452, E331, białka mleka, sól, regulator kwasowości: kwas cytrynowy.
Szczerze mówiąc, szału nie ma.

Kremowy z szynką

Woda, częściowo utwardzony tłuszcz roślinny, sery – 21%, białka mleka, szynka wieprzowa – 4% (mięso wieprzowe z szynki – 87%, woda, sól, glukoza, stabilizatory E451, E450, E452, E339, przeciwutleniacze E301, substancja konserwująca A250), skrobia, mleko w proszku, emulgatory E331, E339, E450, E452, serwatka w proszku, substancje zagęszczające (karagen, mączka chleba świętojańskiego), sól, aromat dymu wędzarniczego.

Woda z częściowo utwardzonym tłuszczem w opakowaniu łudząco podobnym do opakowania sera topionego? Dramat.

Uwaga! Nie nabieraj się na produkty łudząco podobne z wyglądu do sera topionego. Jeśli na opakowaniu nie ma napisu „ser", to zwykle jest to woda z utwardzonym tłuszczem roślinnym i dodatkami.

Sery białe, twarogi

Gdzieniegdzie nadal panuje błędne przekonanie, że twaróg jest jakimś niesamowitym rezerwuarem wapnia. Nie jest, ponieważ w procesie produkcji wapń zostaje odsączony razem z serwatką. Prawdą jest natomiast, że twaróg jest niezłym źródłem białka, więc jak ktoś chce sobie zwiększyć jego poziom w jadłospisie – śmiało można uderzać w biały ser, pamiętając o wapniu.

Chudy czy tłusty? Jestem fanką rozwiązań pośrednich, czyli raczej półtłusty niż tłusty, czasem chudy, a tłusty bez problemu do pewnych dań, gdy potrzeba troszkę więcej tłuszczu (np. sernik) – wtedy nie ma co cudować, jeśli na co dzień panuje równowaga.

Sery typu mozzarella, feta

Najczęściej prosty skład. Zwróć jednak uwagę na zawartość tłuszczu – nie są to sery chude, zwłaszcza jeśli wybierasz podróbkę fety.

Serki twarogowe do smarowania

Skład zwykle okej, często są spulchnione azotem. Nie ma w tym nic złego, azot jest gazem obojętnym. Jedyna wada takich produktów (jeśli spożywasz je w większych ilościach) to poziom tłuszczu, zwykle w okolicach 20 g na 100 g produktu. Jest go dużo więcej niż w zwykłym twarogu, bo przecież chcesz, aby był to ser do smarowania, a więc coś za coś.

Serek do smarowania
Ser twarogowy, jogurt naturalny, odtłuszczone mleko w proszku, sól, naturalne aromaty, zioła.

Serek do smarowania
Twaróg – 77%, woda, masło, białka mleka, emulgatory E341, E452, E331, sól, koncentrat składników mineralnych z mleka, substancja zagęszczająca E407.
Niestety, jak widać, wszędzie zdarzają się skomplikowane niespodzianki, na szczęście taki skład to rzadkość.

Sery pod marką supermarketu

To mogą być te same sery, które kupujesz trochę drożej pod nazwą firmy je produkującej. Pytałam jednego z producentów, czy mają dwie oddzielne linie produkcyjne, inne surowce itp. Nie, to dokładnie ten sam ser, tylko w innym opakowaniu. Jeśli nie jesteś pewna, jak jest w przypadku twojego ulubionego sera, zapytaj.

Serki homogenizowane

Przy serkach często słyszę teksty w stylu „kupuję go od lat, bo jest najlepszy". Niestety zdarza się, że wyświechtane slogany na temat tradycji i budowania marki od pokoleń nie mają nic wspólnego ze składem

– tradycja tradycją, to samo opakowanie od 20 lat, fajnie. Ale zanim kupisz, rzuć okiem na tabelę wartości odżywczych i skład oraz przekonaj się, czy warto.

Zwykły serek homogenizowany naturalny to 3–5 g cukru w 100 g produktu, a w składzie jedynie ser twarogowy. Homogenizacja ma na celu ujednolicenie konsystencji i zapobieganie podstawaniu tłuszczu w czasie przechowywania, i tyle. A wszelkie smakowe wynalazki typu senior, junior, mały i duży apetyt powitaj gromkim śmiechem i odstaw na półkę, chyba że faktycznie potrzebujesz 3–4 razy większej dawki cukru niż ta z naturalnego. Plus bajerów.

Serek truskawkowy

Ser twarogowy, śmietanka, mleko, cukier, truskawki – 4%, syrop glukozowo-fruktozowy, skrobia modyfikowana, żelatyna wieprzowa, substancje zagęszczające, barwnik karminy, kultury bakterii, aromat.

Trochę twarogu z cukrem, syropem, zagęstnikami i barwnikiem. No fajnie, tylko na co mi 15 g cukru w 100 g produktu?

13 *Owsianka glukozowo--fruktozowa*

Stojąc przed ścianą płatków śniadaniowych w dużym sklepie, zawsze mam przed oczami ludzi pracujących za biurkiem 8 godzin dziennie, jadących prosto po pracy do domu, przed telewizor.

Ludzi, którzy usłyszeli reklamę o płatkach robiących dobrze, i bezrefleksyjnie sięgnęli po nie w sklepie. Ludzi serwujących sobie strzał pod postacią sporej porcji cukru dodanego na dzień dobry lub dobranoc. A jest to zaledwie fragment dnia i kolejne przepięknie reklamowane obietnicą szczęścia tony cukru czekają na kolejną bezmyślną konsumpcję.

- **Po co je jemy:** żeby nie być głodnym od rana. Typowe śniadanie – kolorowe płatki z mlekiem, czyli trochę tragedia, jeśli zaraz siadasz do biureczka na osiem godzin, później batonik, a później kolejne cztery godzinki przed telewizorem.
- **Czy można nie jeść:** jak najbardziej. Węglowodanów możesz poszukać w innych produktach. Jeśli wolisz śniadanie bez węgli, pamiętaj, aby dodać je do obiadu lub kolacji.
- **Ile jeść:** to zależy. Żeby zjeść odpowiednią porcję betaglukanu, wystarczy kilka łyżek płatków owsianych. Bez cukru.
- **Na co uważać:** zdecydowanie na produkty udające prozdrowotne, mające pod płaszczykiem błonnika i innych fajnych

substancji całkiem sporą dawkę cukru lub 5 różnych substancji słodzących oraz na kolorowe płateczki fajnie wyglądające na zdjęciach w kolorowych reklamach. Tę barwną tonę cukru śmiało możesz zastąpić trzy razy tańszymi, zwykłymi płatkami z dodatkiem ulubionych owoców.

Czego się nie bać: długiego składu. Jeśli müsli ma pięć rodzajów płatków plus pięć rodzajów owoców suszonych, plus orzechy czy pestki, to siłą rzeczy skład będzie dłuższy niż jedna linijka.

Kilka uwag

Płatki owsiane

Niesamowicie dziwi mnie, jak bardzo niedoceniany jest owies, zwłaszcza w sytuacji wszechobecnego promowania pszenicy. Jeśli weźmiesz pierwszy lepszy podręcznik i porównasz owies z pszenicą, wypada on zdecydowanie lepiej (lipidy, białka, betaglukany). Mało tego. Z ziarna owsa można otrzymywać wiele różnorodnych produktów. Bielmo mączne może być wykorzystane jako produkt końcowy gotowy do spożycia w formie kaszy owsianej całej lub jako półprodukt do produkcji kaszy łamanej oraz płatków owsianych. Płatki są produktem otrzymywanym z ziarna owsa przez czyszczenie, obróbkę termiczną, płatkowanie i chłodzenie. Do wyboru masz różne gatunki płatków owsianych, np. zwykłe, błyskawiczne – w zależności od obróbki. To nie wszystko, z owsa można uzyskać również mąkę do wypieku chleba, naleśników itp.

Mimo dużych możliwości wykorzystania oraz wysokich wartości żywieniowych owsa oferta rynkowa produktów owsianych jest nadal bardzo skromna. W Polsce na cele spożywcze przeznacza się zaledwie ok. 5% zbiorów owsa – nielogiczne, przy tak wysokiej przydatności jako składnik prozdrowotny.

Błonnik

Uogólniając, można przyjąć, że nierozpuszczalny błonnik jest frakcją dominującą w ziarnach zbóż, natomiast w owocach i warzywach więcej jest frakcji rozpuszczalnych . Dlatego warto spożywać zarówno owoce i warzywa, jak i produkty zbożowe, ponieważ mimo podobieństw i wspólnej nazwy „błonnik" są to inne substancje chemiczne.

Jeśli twój jadłospis opiera się na fast foodach z białą, pszenną bułą lub masz mało urozmaicone menu oparte na nieśmiertelnym zwykłym makaronie pszennym albo na śniadanie jesz jakieś przypadkowe kulki z oczyszczonej mąki – niewiele dostarczasz błonnika. Czyli słabo. Już wiesz, że warto postawić na pieczywo i makarony pełnoziarniste, kasze, a teraz co ze śniadaniem? Już mówię, ale najpierw troszkę teorii.
Rola błonnika i to, co potrafi zrobić dla naszego organizmu, jest niesamowita, dlatego kolejny raz o nim czytasz. Dzięki zwiększonej zdolności wiązania wody błonnik ulega pęcznieniu w układzie pokarmowym, dzięki czemu nadaje uczucie sytości, nie dostarczając dodatkowej energii.

Typ spożywanego włókna warunkuje czas pasażu treści pokarmowej w jelicie cienkim. Włókna nierozpuszczalne w wodzie przyspieszają, a włókna rozpuszczone w wodzie zwalniają pasaż treści pokarmowej.

Skrócenie czasu jest związane z właściwościami hydrofilnymi, a także z mechanicznym drażnieniem ściany jelita grubego, uwalnianiem lotnych kwasów tłuszczowych w procesie fermentacji włókien w jelicie grubym oraz obniżeniem ciśnienia w świetle jelita grubego. Wydłużony czas wiąże się m.in. ze stworzeniem trudno przepuszczalnej błony wyściełającej górną część układu pokarmowego, wiązaniem jonów sodu i zmniejszeniem ciśnienia tętniczego krwi. Fizjologiczna rola jest wielokierunkowa. Spożywając pokarmy bogate w błonnik, w gratisie dostajemy m.in.:

- **szybsze** usunięcie resztek pokarmowych z ustroju,
- **zapobieganie** zaparciom,
- **regulację** perystaltyki jelit,
- **działanie** przeciwmiażdżycowe,
- **zdolność** wiązania substancji toksycznych, w tym metali ciężkich, które są następnie usuwane wraz z niestrawionymi resztkami pokarmowymi,
- **stymulowanie** rozwoju korzystnej mikroflory jelitowej,
- **hamowanie** łaknienia.

Asortyment

Przeglądając ofertę rynkową płatków, można śmiało napisać oddzielną książkę „Cukrzyca w zasięgu ręki – 10 prostych kroków" albo „Zespół metaboliczny – poradnik dla początkujących".

Sytuacja jest na tyle skomplikowana, że właściwie trudno znaleźć urozmaicone nieprzetworzone płatki lub jakieś fajne przetworzone, ale z naprawdę dobrym składem. Idzie ku dobremu, to fakt. Ale powoli.

Jeśli kochasz słodkie śniadania, zachęcam do wybierania müsli: z owocami świeżymi lub suszonymi. Tu na szczęście mamy do wyboru kilka całkiem niezłych gotowców. Jak ktoś ma czas i chęci, w bardzo prosty sposób można sobie taki gotowiec skomponować samemu w domu – w dużo niższej cenie.

Osobom, które nie znoszą babraniny w kuchni oraz nie mają na to czasu, polecam płatki z owocami suszonymi, bez dodatku cukru. Oczywiście jeśli spojrzysz do tabeli, będą tam cukry proste – naturalne i czasami jest ich całkiem sporo. Natomiast dopóki są to cukry pochodzące z owoców suszonych, będących jednocześnie źródłem m.in. błonnika – jest to zdecydowanie lepsze wyjście niż przetworzone zboża z toną syropu glukozowo-fruktozowego.

A jeśli już musi być przetworzone jedzenie, szukaj alternatywy. Na rynku mamy spory wybór tego typu produktów. Zdarza się, że określony kształt i smak produkuje kilka firm, a różnice w składzie bywają olbrzymie. Przykładowo poziom cukrów prostych może różnić się o 100% w zależności od firmy – naprawdę.

Nie nabieraj się na płatki obniżające cholesterol, pełne ziarno, milion witamin i Bóg wie co jeszcze. Jeśli w składzie jest cukier dodany, a wedle składu i w tabeli widzisz, że stanowi on 20–30% całości (20–30 g cukrów prostych na 100 g produktu) – nie ma co się oszukiwać, że pochodzi on w większości ze zbóż. Proste płatki owsiane zawierają ok. 2 g cukru na 100 g produktu. Nie 22.

Kilka łyżek prostych płatków owsianych zawiera wystarczającą ilość betaglukanu, aby miało to znaczenie zdrowotne związane z obniżeniem poziomu cholesterolu. Nie potrzebujesz do tego dodatkowo 3 łyżeczek sacharozy, cukru trzcinowego czy syropu cukrowego w nadmiarze.

Inne płatki

Jeśli lubisz owsiankę, zwróć uwagę również na inne płatki niż owsiane. Wartościowe są również jaglane czy gryczane. Gryka ma korzystniejszy niż w typowych zbożach skład aminokwasowy białek, a większa zawartość lipidów oraz rutyny sprawia, że jest to cenny surowiec pod względem żywieniowym.

Płatki kukurydziane

Cóż, dla mnie bardzo popularne płatki, zwłaszcza gdy dodamy napis „choco" – w porównaniu z prostymi płatkami owsianymi to troszkę DNO. Jedne z najbardziej popularnych płatków na rynku zawierają aż 9 g cukru w 100 g produktu.

Grys kukurydziany, cukier, sól, glukoza, cukier brązowy, syrop cukru inwertowanego, melasa cukru trzcinowego, regulator kwasowości fosforan sodu, witaminy.

Nie widziałam w zwykłym sklepie takich bez dodatku cukru. W mniejszych sklepach jest szansa. Natomiast wersja czekoladowa tej samej firmy to ponad 28 g cukru na 100 g produktu, błonnika 4 g. Jeśli kochasz takie czekoladowe cuda, poszukaj innej firmy, da się – zawierają prawie o połowę mniej cukru, ok. 15 g na 100 g produktu.

Oczywiście, że sama je kiedyś (ale bez wielkiej miłości) jadłam – jako dziecko. I co z tego? Teraz już dzieckiem nie jestem, Bozia oczka dała, czytać umiem i podejmuję świadome decyzje. Nie widzę sensu kupowania i jedzenia czegoś takiego codziennie, chyba że na zasadzie urozmaicania diety, od czasu do czasu.

Zboża dmuchane

Zboża ekspandowane, tak jak ekstrudowane (czyli te wszystkie poduszeczki itp.), to nie jest to samo co proste płatki czy kasza. Procesy technologiczne zmieniają jakość oraz mają wpływ na metabolizm produktu w organizmie.

Śliczne kuleczki jaglane, amarantus, gryka itp. albo ryż dmuchany. Jako urozmaicenie – tak. W polewie cukrowej, miodowo-cukrowej, pseudojogurtowej – przemyśl. Skład to 20–40% cukru. Po co?

Kasza jaglana ekspandowana z miodem i malinami

Kasza jaglana ekspandowana – 62%, cukier, syrop glukozowy, oligofruktoza, miód – 2,8%, maliny liofilizowane – 2%, olej rzepakowy.

Wszystko fajnie, ale miodu to tu jest zaledwie 2,8%, a total cukier aż 28 g na 100 g, czyli jakieś ¼ składu to cukier z syropem! No ludzie!

Kulki, kółka, kwadraciki i cała ta geometria przestrzenna

Naprawdę nie. Nie daj sobie zamydlić oczu frazesami o wielozbożowości, pełnoziarnistości, naturze, koncentracji, pracy umysłowej, naturalnych, znanych składnikach, ale też szczęśliwej rodzince, dzieciaczkach czy czymkolwiek – pięknym i kolorowym, na reklamie czy opakowaniu.

Coś, co zawiera 25–30% cukru dodanego, nie jest najlepszym pomysłem na codzienne śniadanie, zwłaszcza dla osób spędzających większość lub wręcz cały dzień siedząc przed komputerem lub innym ekranem.

Pełnoziarniste śniadanie

Mąka – 70%: pszenna, pszenna pełnoziarnista 25,3%, kukurydziana, cukier, syrop glukozowy, kakao 5%, tłuszcz palmowy, sól, emulgator aromaty.

I co z tego, że prosty skład, jeśli całkowita zawartość cukru to aż 28%, mąki pełnoziarnistej zaledwie ok. 25%, a tłuszcz palmowy nie jest jakimś specjalnie pożądanym tłuszczem w diecie osób dorosłych, tym bardziej dzieci.

Crunchy, granola

Bądź czujna, to może być spora dawka cukru i tłuszczu, stosuj raczej oszczędnie lub mieszaj ze zwykłymi płatkami dla urozmaicenia.

Płatki owsiane – 28%, syrop glukozowo-fruktozowy, mieszanka owoców, w tym owoce słodzone – 16%, słodzone płatki kukurydziane, mąka owsiana, słodzone płatki pszenne, olej palmowy, otręby pszenne, kasza kukurydziana, płatki kokosowe, nasiona słonecznika, emulgator, sól, aromat.

Słodzone płatki ze słodzonymi owocami, z cukrem, syropem i olejem palmowym – masakra.

Fit, fitness, sport

Jeśli ćwiczysz w siłowni, przygotowujesz się do maratonu itp. i potrzebujesz dodatkowej porcji węgli czy cukru, okej. Tylko uważaj na płatki w polewie, szumnie zwanej „jogurtową".

Płatki w polewie jogurtowej

Płatki z pełnego ziarna zbóż - 49,4% (pszenica - 43,3%, owies, ryż), polewa jogurtowa - 14,8% (cukier, olej palmowy, serwatka w proszku, białko mleka, jogurt w proszku - 0,4%), emulgator, regulator kwasowości, aromat naturalny), cukier, syrop cukrowy, ekstrakt słodowy jęczmienny, substancje wzbogacające, sól, glazura (guma arabska, substancja zagęszczająca, syrop glukozowy), glukoza, przeciwutleniacz.

Często polewa jogurtowa jest po prostu warstewką tłuszczu (zdarza się, że utwardzonego), oprószonego śladową ilością suszonego jogurtu. Chyba nie warto.

Czy jest coś takiego jak „zdrowe płatki"?

Tak, to płatki jak najmniej przetworzone i bez dodatku cukru. Mieszankę możesz z łatwością przygotować samodzielnie w domu, komponując ulubione składniki typu płatki, orzechy, pestki, owoce itp. w dowolnych proporcjach.

Jeśli nie masz czasu ani ochoty, zainwestuj w dobry gotowiec. Przykładowy gotowy do kupienia miks prostych płatków:

Płatki gryczane - 20%, jęczmienne - 20%, owsiane - 20%, pszenne - 20%, żytnie - 20%.

Są też gotowe miksy orzechów, pestek, nasion – ceny wcale nie są takie wysokie, jeśli kupisz zbiorcze opakowania po 1–3 kg. Jeśli masz ochotę na śniadanie na słodko, ugotuj płatki na napoju roślinnym z naturalnie wyższą zawartością cukrów prostych, np. na napoju owsianym, dodaj pokrojone świeże i/lub suszone owoce i/lub łyżeczkę miodu.

Jeśli nie masz czasu i ochoty na przygotowania, poszukaj gotowca na bogato, ale uważaj na skład.

Müsli owoce i zboża

Płatki pszenne - 77%, pszenica pełnoziarnista - 53,7%, cukier, otręby pszenne - 10,1%, ekstrakt słodowy jęczmienny, syrop cukru inwertowanego, sól, melasa cukru trzcinowego, syrop glukozowy, regulator kwasowości (fosforany sodu), przeciwutleniacz, rodzynki - 18,4%, jabłka suszone (zawierają pirosiarczyn sodu) - 4,6%, substancje wzbogacające.

Zawartość cukru 32,9 g na 100 g produktu - trochę sporo i raczej nie jest to główny udział cukrów naturalnych.

Są na rynku zdecydowanie lepsze propozycje, zwykle pod nazwą **„müsli"** – szukaj tych „bez dodatku cukru". Oczywiście w tabeli będą obecne cukry proste, jeśli w składzie znajdują się owoce suszone – nie ma w tym nic niewłaściwego.

Müsli z owocami

Płatki zbożowe z pełnego ziarna - 96,5% (jęczmienne, ryżowe), owoce liofilizowane - 2,2%, zagęszczone soki owocowe - 1,2%, aromat naturalny.

Niewielka zawartość owoców, a więc mało cukru, zaledwie 2,8 g na 100 g.

Müsli z owocami

Płatki zbożowe - 65% (owsiane, jęczmienne, orkiszowe), mieszanka owoców - 30% (daktyle, rodzynki, figi, śliwki, brzoskwinie), inulina - 3,4% aromat.

Jeden z najlepszych słodkich produktów na rynku. Jest to słodkie (aż 30% to owoce), ale zawartość cukrów prostych nie jest przytłaczająca: 18 g na 100 g produktu.

Płatki na wagę

W dużych sklepach możesz kupić tańszą wersję – różne płatki na wagę, ale jakoś nie przekonują mnie te wielkie, non stop otwarte pojemniki, niestety. O wiele lepiej kupić w tym samym sklepie wór płatków w zamkniętej kilkukilogramowej paczce – jakoś tak bardziej higienicznie.

Płatki z nadzieniem

To najczęściej słaba alternatywa. Nie dość, że sporo cukru, to jeszcze tłuszcz utwardzony. Najgorzej. •

Część zbożowa - 60%: mąka pszenna, kaszka kukurydziana, otręby pszenne, mąka ryżowa, cukier, kakao, regulator kwasowości (difosforany), substancja spulchniająca. Krem - 40%: cukier, olej palmowy całkowicie utwardzony, mąka sojowa, serwatka w proszku, emulgatory, aromat.

Zawartość cukru aż 29 g na 100 g. Plus tłuszcz utwardzony. Jednym słowem dramat, jeśli to twoje codzienne śniadanie.

14 *Mleko roślinne nie istnieje*

Serio. Nie ma czegoś takiego jak „mleko roślinne". Albo „mleko", albo „roślinne". Termin „mleko" odnosi się wyłącznie do wydzieliny gruczołów mlecznych. Roślinne to mogą być napoje.

- **Po co je pijemy:** zamiast mleka krowiego.
- **Czy można nie pić:** można. Płatki, placki i ciasta można robić na wodzie.
- **Ile pić:** w przypadku prostych produktów bez dodatków, z niską zawartością cukrów prostych raczej nie ma konkretnego limitu.
- **Na co uważać:** na cukry naturalne, jeśli pijesz na litry, i przede wszystkim na te dodane.
- **Czego się nie bać:** cukrów prostych pochodzenia naturalnego, jeśli nie pijesz na litry, oraz tego, że składnika stałego jest zaledwie kilka procent – przecież to ma być napój, a nie papka.

Kilka uwag

Oczywiście, że łatwo zrobić napój roślinny samodzielnie w domu. Wystarczy surowiec typu wiórki czy orzechy, woda, blender i sitko. Ale nie każdemu się chce i nie każdy ma czas – co jest dla mnie równie oczywiste.

Co to znaczy „dobry napój roślinny"?

Krótka lista składników, niska zawartość cukrów prostych (2–3 g na 100 g), brak cukru dodanego. Jeśli potrzebujesz napoju roślinnego do owsianki lub jaglanki na słodko – wybierz ten z wyższą zawartością cukrów prostych naturalnych, np. 5–7 g na 100 g produktu. Wtedy nie musisz dodawać już większych ilości miodu lub połowy paczki owoców suszonych.

To, że napój roślinny zawiera długą listę składników, **nie oznacza, że jest toksyczny**. Jeśli czujesz się po nim dobrze, nie ma sprawy. Jeśli nie, zastanów się, czy nie poszukać prostszej alternatywy. Nie każdy dobrze toleruje różne substancje dodatkowe obecne w takich produktach.

Cukry naturalne

Jeśli pijasz napoje roślinne w ilościach mikro, czyli kapkę do kawy, naprawdę nie ma znaczenia, czy wybierzesz napój z 0,1, czy 7,0 g cukru na 100 g produktu. ALE w przypadku, gdy opakowanko schodzi ci w dwa dni, warto się zastanowić. 500 ml napoju zawierającego 7 g cukrów prostych na 100 ml produktu to aż 35 g cukru. Tak, są to cukry pochodzenia naturalnego, ale to nie znaczy, że warto spożywać je bez ograniczeń.

Asortyment

Fanom jedwabistej konsystencji producenci proponują napoje ze wspomaganiem, fanom wody z cukrem – napoje z cukrem dodanym, dla fanów prostego składu też coś się znajdzie na półkach sklepowych, ale trzeba się troszkę naszukać. Jeśli potrzebujesz wapnia, sporo produktów ma dodatek wzbogacający.

Surowców, z których można zrobić napój kolorem przypominający mleko, o bardziej lub mniej słodkawym smaku, jest sporo. Kieruj się wartościami odżywczymi (fajne są orzechy, migdały, owies), ale pamiętaj też o walorach smakowych. Tych migdałów czy kokosa nie jest aż tak dużo, żeby dokonywać wyboru, patrząc wyłącznie przez

Napój sojowy

Woda, cukier, obłuszczone ziarno soi – 5,8%, węglan wapnia, aromaty, sól morska, regulator kwasowości (fosforany potasu), stabilizator (guma gellan), witaminy.

Sporo cukru dodanego, aż 6,4 g na 100 g produktu.

pryzmat składnika stałego. Zresztą nie przejmuj się niewielkim udziałem surowca, z którego zrobiony jest produkt, kilka procent to zupełnie normalna zawartość. Jak zrobisz taki napój samodzielnie w domu (to proste, spróbuj kiedyś!), przekonasz się, że znakomita większość stałej pozostałości zostaje odsączona od białej cieczy, której będziesz używała. •

Napój sojowy bez cukru

Woda, obłuszczone ziarno soi – 6,4%, regulator kwasowości (fosforany potasu), węglan wapnia, maltodekstryna, stabilizator (guma gellan), witaminy B_2, B_{12}, D_2.

Zwróć uwagę na tabelę wartości odżywczych podczas zakupu. Tu producent nie dodał cukru, zatem w tabeli mamy zaledwie 0,1 g na 100 g produktu.

Napój owsiany

Woda, owies zwyczajny – 10%, olej słonecznikowy, sól morska.

Mimo że skład jest prosty i produkt nie zawiera cukrów dodanych, zawartość cukrów prostych oscyluje w okolicach 5 g na 100 g produktu, co jest typowe dla napojów owsianych. Nie ma też stabilizatorów, zatem trzeba wymieszać przed użyciem.

15 *Perfekcyjna Pani Lastminute*

Życie byłoby piękne, gdyby pełnowartościowe, zdrowe i smaczne, a do tego ekologiczne posiłki pojawiały się na naszych stołach po 5 minutach od pstryknięcia palcami...
Niestety, chwilowo jest to niemożliwe, ale mam w zanadrzu inne rozwiązania. Bo to, że nie masz czasu czy umiejętności, nie oznacza, że musisz jeść byle co. Masz szeroki wachlarz możliwości – począwszy od dobrej jakości gotowców czy półproduktów, poprzez mrożonki, na fajnych sosach skończywszy. Zaraz wszystko wytłumaczę, ale zacznijmy od podstawowych kwestii.

- **Po co je jemy:** bo nam się nie chce, nie lubimy lub nie mamy czasu gotować, a chcemy zjeść coś w miarę zdrowego.
- **Czy można nie jeść:** można.
- **Ile jeść:** to zależy. Raczej nie codziennie przez 20 lat.
- **Na co uważać:** na skomplikowany skład, konserwanty, tony cukru, tłuszcze utwardzane.
- **Czego się nie bać:** długiego składu (jeśli smak ma być złożony), cukru dodanego, jeśli są to niewielkie ilości (np. 1–2 g na 100 g produktu).

Kilka uwag

Autopozycjonowanie

Zastanów się przez chwilę, gdzie jesteś na skali lenistwa, między „przecież tak łatwo zrobić to samemu" a „no chyba jednak nie", „w życiu nie odtworzę tego smaku z produktami, które mam w sklepie pod domem" oraz „mam gdzieś gotowanie".

Jeśli masz silną awersję do półproduktów, wstajesz o świcie, by upiec chleb ze świeżo zmielonej mąki, z zebranej poprzedniej nocy ekologicznej pszenicy - pomyśl o tym, że czasem warto odpuścić. Absolutnie nie namawiam cię teraz do przerzucenia się na same półprodukty i fast foody. Zależy mi raczej na zwróceniu uwagi w kierunku dobrej jakości, prostych gotowców, dzięki którym możesz od czasu do czasu ułatwić sobie życie - bez spektakularnej utraty jakości otrzymanej potrawy.

Bądź dla siebie dobra i wyrozumiała

Tak samo jak jesteś dla innych. Korzystanie z półproduktu nie oznacza, że jesteś gorszą gospodynią domową, mniej staranną albo że twoje umiejętności kulinarne są fatalne. Daj sobie prawo do ułatwiania życia i nie przejmuj się pomyłkami. Na pewno nie jest to nic odkrywczego, ale napiszę to jeszcze raz, bo być może o tym zapominasz: każdy z nas popełnia błędy, to normalne! Próbowanie i szukanie nowych rozwiązań jest jedną z dróg do celu, w ten sposób uczymy się nowych rzeczy, uczymy się też przy okazji siebie.

Wychodzę z założenia, że dobry gotowiec nie jest zły i posiłkowanie się półproduktami czy gotowymi rozwiązaniami od czasu do czasu (!) nie tylko ułatwia nam życie, ale jest też sposobem na konieczne wyluzowanie w temacie żywienia. Jak wiesz, staram się trzymać z daleka od skrajności, pamiętając o równowadze. Oczywiście wszystko można zrobić samemu, jeśli tylko nasza doba ma 36 godzin. Niestety moja ma zaledwie 24. Dlatego wpuszczam trochę prostego, dobrej jakości, ale jednak luzu do kuchni, średnio raz na tydzień – czasem częściej, czasem rzadziej. Zawsze wtedy, gdy wiem, że zaoszczędzony w ten sposób czas stanowi dla mnie o wiele większą wartość i *summa summarum* da mi o wiele więcej niż własnoręczne zbieranie ekowarzyw o świcie, na krystalicznie czystej ziemi kaszubskiej. Gdy nie mam czasu, spokojnie i bez wyrzutów sumienia sięgam po zamienniki, zamiast sterczeć w kuchni, zgrzytając zębami. Jest jeden warunek: posługuj się wartościowymi półproduktami. Nie ściekiem.

Jak żyć?

Śniadania

Zamiennikiem zwykłych płatków owsianych są płatki błyskawiczne, zamiennikiem kaszy jaglanej – płatki jaglane. Możesz śmiało zainwestować w gotowe müsli z dobrym składem, które pokazywałam w rozdziale o płatkach.

Zupa

Zamiast siedzieć upaćkana jak kopciuszek i obierać kilogramy warzyw, możesz kupić warzywa mrożone na zupę raz na jakiś czas. W sklepach dostaniesz przeróżne mieszanki skomponowane wedle smaku – zupa ogórkowa, fasolowa, jarzynowa, barszcz ukraiński itd. Dla poprawy smaku możesz dodać do gotowca więcej ulubionych warzyw, np. ogórki kiszone do zupy ogórkowej czy ulubione zioła do kremu z warzyw. Takie mieszanki na zupę zwykle składają się z samych warzyw mrożonych, więc jeśli ugotujesz do tego ulubioną kaszę i dodasz odrobinę dobrej jakości oleju, otrzymujesz pyszny i zdrowy posiłek zamiast hamburgera ze zmielonej budy.

Lunch, obiad, kolacja

Wachlarz możliwości jest bardzo szeroki. Załóżmy, że chcesz się zdrowo odżywiać, więc być może przyjdzie ci do głowy kasza z warzywami na ciepło. Ugotowanie kaszy na 2–3 dni to pięć minut roboty: przepłukać, wrzucić do garnka, zalać wodą, nacisnąć guzik. No chyba, że chcesz stać przy kuchni i obserwować gotującą się wodę – wtedy jakieś 15–20 minut.

Teraz co z warzywami? Możesz pobawić się w kopciuszka albo kupić gotowiec, czyli mrożone „warzywa na patelnię". Naturalnie lepiej wybrać świeże warzywa i do takiego posiłku część przygotować na ciepło, a część podać na surowo. Jeśli nie masz chwilowo takiej możliwości, nie przejmuj się – wrzuć mrożonkę na patelnię i poddus z odrobiną wody i dobrego oleju. Nie martw się utratą witamin, warzywa na ciepło zachowują część swoich wartości odżywczych, a w przypadku niektórych substancji wartość odżywcza nawet rośnie! Oczywiście prawdą jest, że niektóre witaminy są termolabilne, czyli nieodporne na wysoką temperaturę, i proces obróbki cieplnej oznacza spore straty. Dlatego tak ważne jest urozmaicenie i przeplatanie warzyw na ciepło spożywaniem surowych. Jeśli nie masz czasu i ochoty, wyrób w sobie nawyk kupowania np. natki pietruszki i dodawania jej gdzie się da.

Wśród gotowców możesz kupić mieszanki zawierające warzywa z niezłą zawartością białka, przykładowo warzywa na patelnię lub kasze zawierające soczewicę, fasolę itp.

Jeśli nie gotowiec, warzywa strączkowe również można ugotować raz na kilka dni i dodawać do zupy, drugiego dania, przyrządzać z nich pasty warzywne, aby uzupełnić poziom białka w jadłospisie.

Przejście z niezdrowej diety na bogatą w warzywa

Jeśli do tej pory twoja dieta składała się głównie z hot dogów, paczkowanych tostów z szynką, mrożonych kotletów mielonych, chińskich zupek itp., nic nie szkodzi. **Nigdy nie jest za późno na zmiany.**

Z pewnością jesteś przyzwyczajona do substancji poprawiających smak typu glutaminian sodu i inne wzmacniacze, zatem przyda ci się również dodatkowy zestaw gotowców, tzw. **poprawiaczy mdłych dań**. Są to magiczne produkty, które uratują nawet najbardziej nudne lub bezsmakowe danie typu papka czy breja warzywna z czymś tam.

Podczas zakupów zainwestuj w takie produkty jak pomidory suszone, anchois, gotowe miksy do dań zawierające wyłącznie przyprawy i zioła, pasty warzywne, pasty curry, zioła w saszetkach, dobrej jakości keczup, chrzan, sos sojowy, dobrej jakości sosy warzywne. Niewielki dodatek jednego takiego poprawiacza potrafi zamienić bezpłciowe danie w całkiem smaczny posiłek, mówię zupełnie poważnie.

Czy wiesz, że jeszcze 30 lat temu asortyment przypraw ograniczał się do pieprzu, papryki, liścia laurowego i ziela angielskiego? Żyjemy w cudownych czasach, mamy dostęp do przypraw i ziół niemal z każdego zakątka świata. Korzystaj z tego, urozmaicaj swoją kuchnię, eksperymentuj! Wysokiej jakości egzotyczna pasta pochodząca z kuchni azjatyckiej zamieni banalny ryż z warzywami w niezwykłe doświadczenie kulinarne. Warto raz na jakiś czas zafundować sobie takie doznania smakowe, zwłaszcza że bez problemu możesz dostać dobrej jakości gotowce z prostym składem, nawet online.

Co to znaczy dobry gotowiec czy sos z prostym składem?

Z jednej strony własnoręcznie świeżo skomponowany sos nie ma sobie równych, z drugiej – w razie braku czasu, ochoty czy możliwości stania przy garach zawsze warto mieć w szafce dobrej jakości sos, który uratuje cię w najmniej oczekiwanym momencie.

Patrz na skład. Przede wszystkim wysoka zawartość warzyw, czyli pierwsze dwa, trzy miejsca na liście składników. Wodę z cukrem, olejem i odrobiną jakichś tam przypraw możesz od razu zdyskwalifikować.

Zwróć też uwagę na tabelę wartości odżywczych. Jeśli warzyw jest niewiele, a ilość cukru przekracza kilkanaście gramów na 100 g produktu, spokojnie odłóż taki sos na półkę i pomachaj mu na do widzenia.

Strasznie długi skład

W przypadku sosów nie ma reguły. Zdarza się, że długi skład oznacza bylejakość, jednocześnie bogactwo smaku oznacza często sporą listę składników - mam tu na myśli głównie zioła i przyprawy.

Asortyment

Keczup

Keczup jest specyficznym sosem pomidorowym, ze względu na dość wysoką zawartość cukru dodanego trudno cokolwiek z tym zrobić. Za to można wybrać lepszy zamiast gorszego. Oto kilka uwag podczas wybierania:

- **Szukaj** takiego, który sporządzono z jak największej ilości pomidorów (np. >200 g na 100 g produktu).
- Sprawdzaj, gdzie dosypano mniejszą ilość cukru (total w tabeli na poziomie ok. 20 g na 100 g produktu zamiast np. 33 g).
- **Nie przywiązuj** zbyt wielkiej wagi do hasełek typu „regionalny", „premium", „najlepszy" - to często nie ma nic wspólnego z jakością.
- **Wybieraj** te bez konserwantów (większość keczupów ich nie zawiera!).
- **Bez cukru** - są już na rynku produkty z obniżonym cukrem lub nawet sugarfree. Oparte są np. na stewii - spróbuj, jeśli jesz keczup na tony lub uważasz, że powinnaś ograniczyć spożycie cukru.
- **Grillowy**, do pizzy itp. - to nadal ten sam keczup, tylko inaczej przyprawiony lub niestety mający gorszy skład.

Uważaj na produkty „dla dzieci" – najczęściej mają taki sam wysoki poziom cukru, a skład nie powala wcale na kolana.

Keczup

Koncentrat pomidorowy – 34%, woda, cukier, ocet, skrobia modyfikowana, błonnik, sól, regulator kwasowości, konserwant (benzoesan sodu), zioła, aromat.

Trochę mało tych pomidorów. To raczej posłodzona woda z dodatkiem pomidorów i konserwantem, czyli jednym słowem keczupowe dno.

Keczup

Pomidory (205 g w 100 g keczupu), cukier, ocet spirytusowy, sól, przyprawy.

Nie dość, że dobry skład, to jeszcze zawartość cukru mniejsza o 30% niż w przeciętnym keczupie, bo 19 g na 100 g.

Chrzan

Tarty, śmietankowy, delikatesowy, żurawinowy – różnorodność jest dość spora, począwszy od zawartości chrzanu (20–60+%), na obecności bajerów i konserwantów skończywszy.

Uwaga na kremy chrzanowe – to olej z wodą i chrzanem.

Olej rzepakowy, woda, korzeń chrzanu - 13%, mleko w proszku, ocet spirytusowy, cukier, musztarda, sól, skrobia modyfikowana, substancje zagęszczające, konserwanty (benzoesan sodu, sorbinian potasu).

Nie, dziękuję za taki skład.

Fajnym rozwiązaniem jest ćwikła – prócz chrzanu dostajesz w gratisie buraki!

Buraki ćwikłowe - 61%, korzeń chrzanu - 19%, ocet spirytusowy, cukier, woda, sól.

Tak

Musztarda

Stołowa, delikatesowa, kielecka, sarepska (ja też przez pół życia myślałam, że to saperska...), chrzanowa, francuska, dijon, kremska, rosyjska, miodowa, meksykańska, amerykańska itp. Składy są podobne do siebie, różnice wynikają z określonego rodzaju, np. chrzanowa zawiera korzeń chrzanu, rosyjska – ekstrakt z papryki, miodowa – miód itd. Zawartość cukru kształtuje się na poziomie 6–12 g na 100 g (poza miodową, która może mieć nawet 32 g!), więc możesz śmiało kierować się preferencjami smakowymi, unikając jedynie produktów konserwowanych. Rzadko zdarzają się konserwanty (benzoesan sodu), ale się zdarzają.

Majonez

Znów spory wybór, ale zasadniczo jest to tłuszcz (średnio 70 g na 100 g produktu) z dodatkami i chyba nie odkryłam tu wielkiej tajemnicy. Podstawą majonezów na polskim rynku jest olej rzepakowy, a w produktach typu LIGHT – woda (dlatego w tym przypadku średnia zawartość tłuszczu to ok. 35 g na 100 g produktu). Do tego standardowy zestaw, czyli żółtka jaj, cukier, sól, zagęstnik, regulator kwasowości, przeciwutleniacz, aromat, barwnik.

Jeśli chodzi o przeciwutleniacz, producenci kochają dodawać E385, czyli sól wapniowo-disodową EDTA. Na szczęście da się czasem znaleźć produkt o najprostszym składzie z możliwych.

Olej rzepakowy rafinowany, musztarda (woda, ocet, gorczyca, cukier, sól, przyprawy), woda, żółtka jaj kurzych – 7%.

Sosy do sałatek – bardzo fajnym i dość silnym trendem na rynku jest zastępowanie klasycznych sosów do sałatek (obecnych od lat, tak – wszyscy ich kiedyś używaliśmy) tymi „naturalnymi".

Trzeba uczciwie przyznać, że składy większości produktów tego typu nie są oszukane i faktycznie deklarowana przez producenta „naturalność" znajduje odzwierciedlenie pod postacią wyłącznie prostych, mniej przetworzonych składników. Rzuć okiem na porównanie dwóch sosów koperkowo-ziołowych tego samego producenta.

Klasyczny sos koperkowo-ziołowy

Cukier, sól jodowana, skrobia, regulator kwasowości, kwas cytrynowy, błonnik cytrusowy, koperek – 5%, laktoza, olej palmowy, natka pietruszki – 2,2%, szczypiorek, mielona gorczyca, sól, cebula – 1,1%, pieprz, sok z cytryny, aromat.

Naturalny sos koperkowo-ziołowy

Cukier, koperek - 18%, mielona gorczyca - 16%, sól morska, cebula - 13%, natka pietruszki - 8,9%, ziarna gorczycy - 5,2%, oliwa z oliwek z pierwszego tłoczenia, pieprz czarny.

Jest różnica, prawda?

Sosy do potraw

Do wyboru, do koloru. Większość sosów czosnkowych i tatarskich jest oparta na majonezie. W pozostałych przypadkach bazą jest również olej, co oznacza wysoką zawartość tłuszczu. Składy są dość podobne do siebie, różnią się jedynie ilością tłuszczu (dość spora rozpiętość, od 20 do 60%) i obecnością substancji konserwujących. Co ciekawe, wysoka zawartość tłuszczu i obecność żółtka jaja nie gwarantują prostoty składu. Zatem kierowałabym się brakiem substancji konserwujących, walorami smakowymi oraz ewentualnie zawartością tłuszczu.

Przy pozostałych sosach (np. tatarski, hamburgerowy, tysiąca wysp, kanapkowy itp.) zwróć uwagę na surowiec dominujący, czyli składnik, który jest na pierwszym miejscu. Fajnie, gdy jest to np. koncentrat pomidorowy zamiast oleju. Sprawdź też, jaki olej został użyty - rzepakowy wydaje się dobrym rozwiązaniem, w przeciwieństwie do innych, zawierających większość nasyconych kwasów tłuszczowych (np. palmowy) lub nienasyconych omega-6 (np. słonecznikowy).

Jeśli chodzi o sos jogurtowy, sprawdź, czy faktycznie jest on oparty na jogurcie, czy może raczej na wodzie z olejem? Ciekawe są inne sosy warzywne, np. paprykowy, pasty warzywne, salsa, bbq

Sos jogurtowy

Woda, olej rzepakowy, jogurt - 12%, ocet spirytusowy, cukier, skrobia modyfikowana, sól, żółtko jaja, białka mleka, przyprawy, substancja zagęszczająca, aromat.

Woda z olejem z niewielkim dodatkiem jogurtu - niefajnie.

Sos jogurtowy

Woda, jogurt - 30%, olej roślinny, syrop glukozowo-fruktozowy, ocet spirytusowy, żółtko jaj, cukier, sól, skrobia modyfikowana, serwatka, regulator kwasowości, substancja zagęszczająca, pietruszka, koncentrat soku cytrynowego, koper, aromat, przyprawy.

Woda z jogurtem - lepiej, ciąg dalszy typowy.

(barbecue). Na ten ostatni warto uważać ze względu na wysoką zawartość cukru (nawet 30%).

Proste sosy warzywne możesz stosować jako gotowiec do zdrowych fast foodów. Sosy typu winegret czy tzatziki bardzo łatwo zrobić samemu, a kupowanie mocno przekombinowanych zamienników

Ogórki - 41%, czerwona papryka - 29%, koncentrat pomidorowy - 15%, cukier, cebula, ocet winny, sól, przyprawy, ziarna gorczycy.

Dość prosty skład!

wydaje mi się trochę bez sensu, mimo że jestem fanką dobrych gotowców. Zmieszanie oliwy z octem balsamicznym, odrobiną soku z cytryny i/lub jak kto woli odrobiną naturalnego miodu trwa chyba tyle samo czasu co zakup butelki byle czego.

Sosy do mięs typu borówka, żurawina – najczęściej to spora dawka cukru.

Gotowce

Cuda z serii: „stosuję je od lat"

Unikaj sosów, proszków, płynów i innych dziwnych poprawiaczy do zup czy mięs zawierających litanię dodatków oraz utwardzone tłuszcze zamiast prostych składników – to zły pomysł. Zawsze.

Przyprawa do zup

Wzmacniacze smaku (glutaminian monosodowy, inozynian disodowy, guanylam disodowy), maltodekstryna, sól, tłuszcz palmowy, skrobia, czosnek, aromaty, substancja przeciwzbrylająca (dwutlenek krzemu).

Zamiast tego postaw na suszone warzywa lub suszone warzywa z solą, które wzmocnią smak bulionu czy sosu.

Dania instant (do zalania gorącą wodą)

Zdecydowanie odradzam wszelkie zupy w proszku, zupki chińskie i tym podobne, ze względu na niewiele dobrego wnoszący w nasze odżywianie skład. Mówiąc zupełnie wprost, nie jestem fanką klusek z tłuszczem utwardzonym, bajerami, solą i wzmacniaczami smaku (dla zamaskowania braku smaku) ze śladową ilością warzyw. W sytuacji, gdy musisz coś zjeść i masz minutę na przygotowanie, wybierz zdrowsze fast foody na słono lub na słodko.

Od jakiegoś czasu obserwuję trend dotyczący całkiem niezłych gotowców do zalania wrzątkiem i zjedzenia „na raz". Musisz mieć jednak świadomość tego, że żywność przetworzona tego typu to wyjście awaryjne – nie powinna zastąpić prostej żywności nieprzetworzonej.

Danie instant na słodko

Płatki owsiane - 57%, ananas suszony - 14%, płatki kokosowe - 14%, nasiona chia, cukier kokosowy.

Danie instant na słono

Kasza gryczana instant - 67%, burak suszony - 16%, nasiona słonecznika, cebula suszona, jarmuż suszony - 4%, natka pietruszki suszona, sól morska, pieprz czarny.

Gotowe gotowce

Jeśli nie chcesz dania instant, wybierz dobry gotowiec, który wystarczy tylko otworzyć lub dodatkowo podgrzać (lub zagotować), jak masz ochotę na danie na ciepło.

Kasza z warzywami

Kasza bulgur - 69%, pomidory suszone - 15%, cukinia suszona, oliwki czarne suszone - 4%, czosnek suszony, liście mięty suszone.

Zupy

Nie masz czasu? Kup dobry gotowiec, 5 minut *et voilà*!

Produkty pełne warzyw (gotowe do podgrzania), pasteryzowane znajdziesz często w lodówkach, a sterylizowane – na półkach.

Zupa do podgrzania

Woda, marchew - 42%, mleko kokosowe - 10%, mąka pszenna, sól morska, przyprawy.

Unikaj produktów z niewielką ilością warzyw, za to z długą listą poprawiaczy i konserwantem. Sterylizowane produkty nie potrzebują dosypki konserwantu, a zupa to warzywa z wodą, a nie woda z solą i bajerami.

Fajne są też mądrze skomponowane, bogate w cenne składniki gotowce suche jako baza zupy. Wystarczy wrzucić do wody i zagotować.

Zupa krupnik

Kasza jęczmienna perłowa - 45%, suszone warzywa - 35%, płatki drożdżowe, sól, cebula, lubczyk, pieprz czarny, ziele angielskie.

Konserwy warzywne

Są też niezłe gotowce do wzięcia na biwak. Sterylizowane, zatem można przechowywać w temperaturze pokojowej, a później wystarczy podgrzać.

Warzywa - 86% (cukinia, pomidory, cebula, bakłażan, papryka), koncentrat pomidorowy, skrobia kukurydziana, cukier, olej rzepakowy, sól, oliwa z oliwek, przyprawy, zioła.

Gotowce do przyrządzania dań typu FIX, MIX itp.

Podobnie jak sosy do sałatek w proszku, tu też silnie zaznaczony jest trend naturalności w składzie. Coraz rzadziej na półkach pojawiają się nafaszerowane litanią dodatków spożywczych produkty na korzyść prostych mieszanek przypraw i ziół z solą.

Warzywa strączkowe

Błyskawicznie gotowa porcja białka roślinnego z puszki lub ze słoika. Uważaj tylko na faktyczną zawartość fasoli! Waha się w dość szerokim zakresie i jeśli miałabym wziąć pierwszą z brzegu, to wolałabym 50% zamiast 20%. Ponadto lepiej wybierać proste dania typu fasola z prostym sosem pomidorowym zamiast wymyślnych kombinacji z mięsem, które może okazać się resztkami pod postacią MOM.

Fasolka w sosie pomidorowym

Fasola biała - 51%, pomidory - 34%, woda, cukier, ocet spirytusowy, skrobia kukurydziana modyfikowana, sól.

Fasolka po bretońsku

Woda, fasola biała gotowana - 35%, kiełbasa - 10% (mięso wieprzowe, mięso drobiowe, woda, tłuszcz wieprzowy, tkanka łączna wieprzowa, tkanka łączna drobiowa, tłuszcz drobiowy, kasza manna, sól, skrobia ziemniaczana, izolat białka sojowego, hydrolizat białka sojowego, błonnik bambusowy, stabilizator - trifosforany, substancja zagęszczająca - karagen, emulgatory E471, E472, konserwanty - azotyn sodu, przeciwutleniacz, regulator kwasowości, wzmacniacze smaku - glutaminian monosodowy, 5-rybonukleotydy disodowe, glukoza, przyprawy aromaty), koncentrat pomidorowy - 3%, cebula smażona, skrobia modyfikowana, mąka pszenna, sól, cukier, aromaty, glukoza, przyprawy, ekstrakty przypraw, wzmacniacz smaku (5-rybonukleotydy disodowe).

Średniawo.

Klopsy, gołąbki, pulpety – jestem raczej na nie. Trudno znaleźć dobry produkt w zwykłym sklepie.

Pulpety w sosie pomidorowym

Woda, pulpety – 35,4% (MOM – 42,9%, woda, kasza manna, ryż, skórki wieprzowe 7,6%, mieszanka przyprawowa, w tym wzmacniacze smaku E621, E635, emulgator, glukoza, wątroba wieprzowa – 3,5%, skrobia modyfikowana, mąka ryżowa, białko sojowe, błonnik pszenny), koncentrat pomidorowy – 3,9%, skrobia modyfikowana, mieszanka przyprawowa, w tym m.in. cukier, wzmacniacze smaku E621, E635, glukoza, marchew, pietruszka, mąka pszenna, cebula suszona.

Leczo, sosy warzywne – najczęściej są świetne! Zdarzają się gorsze produkty, ale tu zdecydowanie łatwiej o produkt o fajnym składzie.

Kociołki, flaki, gulasze, bigosy – spore zróżnicowanie na rynku. Odpuść te zawierające MOM, zdecydowanie wybieraj te z warzywami na pierwszym miejscu lub większą zawartością mięsa, jeśli oczywiście lubisz mięso. Nie nabieraj się na „tradycyjne" i „staropolskie" – skład często nie ma nic wspólnego z nazwą.

Magia mrożonek

Wiem, że temat mrożonek przewijał się już w kilku rozdziałach tej książki, ale jest on na tyle ważny, że warto obalić podstawowy mit dotyczący wartości odżywczej mrożonek.

- **Po co je jemy:** żeby urozmaicić menu lub z braku czasu.
- **Czy można nie jeść:** można.
- **Ile jeść:** raczej stawiaj na produkty świeże, a mrożonki traktuj jako urozmaicenie. Nie na odwrót.

- **Na co uważać:** na skomplikowany skład z udziałem tłuszczów utwardzanych i konserwantów.
- **Czego się nie bać:** skomplikowanego składu, jeśli jest uzasadniony.

Kilka uwag

Mrożonki to surowce utrwalane poprzez szybkie zamrożenie do temperatury ok. -20°C. Jeśli zamrażane i rozmrażane są prawidłowo oraz przechowywane w temperaturze od -20 do -30°C, zachowają sporo wartości odżywczych.

Jakość

Jakość mrożonek owocowych jest zwykle niższa niż warzywnych, gdyż w surowcach, które osiągną pełną dojrzałość, struktura tkankowa jest osłabiona i bardziej podatna na uszkodzenia i deformacje oraz znaczny wyciek soku.

Na jakość mrożonek w największym stopniu wpływa sam proces zamrożenia. Najlepiej, gdy surowiec zamrażany jest w krótkim czasie, ponieważ przy powolnym zamrażaniu w przestrzeniach międzykomórkowych oraz między włóknami produktu (w następstwie przechodzenia do tych przestrzeni soku komórkowego) tworzą się duże kryształy lodu. W efekcie po rozmrożeniu następuje nadmierny wyciek soku i zwiotczenie surowca. Podczas szybkiego mrożenia kryształy są mniejsze, a ich liczba znacznie wzrasta, dzięki czemu ściany komórek nie ulegają zniszczeniu. Owoce i warzywa o delikatnej strukturze, np. owoce jagodowe, mrozi się kriogeniczne, gdzie czynnikiem chłodzącym jest ciekły azot o temperaturze -196°C.

Ważny jest też sposób rozmrażania, ponieważ mrożenie nie niszczy drobnoustrojów, a jedynie wstrzymuje ich rozwój.

Wydzielający się podczas rozmrażania sok komórkowy stanowi dobrą pożywkę dla rozwoju mikroflory. Dlatego proces rozmrażania powinien być przeprowadzony jak najszybciej, a rozmrożone produkty możliwie szybko zjedzone lub przetworzone.

Przechowywanie

Istnieje wiele mitów na temat mrożonek i prawdą jest, że żywność po rozmrożeniu to trochę inny zestaw substancji niż to samo, tylko świeże. Ale mrożenie jest jedną z lepszych opcji przedłużania trwałości i dostępu do produktów poza sezonem. Ponadto straty np. witamin nie zawsze są aż tak dramatyczne, aby kupowanie i jedzenie mrożonek traciło sens.

Natomiast faktem jest, że nie warto przechowywać żywności zamrożonej w nieskończoność – zbyt długie przechowywanie rzeczywiście odczuwalnie zmienia poziom substancji i po prostu nie ma sensu. Mrożone warzywa i owoce przechowuje się w temperaturze od -18 do -15°C do 15 miesięcy, natomiast w domowych zamrażarkach (czyli w nieco wyższej temperaturze) 3–6 miesięcy.

Asortyment

Mrożona pizza

Nie ma tu wielkiej filozofii. Większość produktów to mąka pszenna, woda, troszkę sera, troszkę słabej jakości szynki, śladowe ilości pomidorów w postaci koncentratu, tłuszcz, czasem jakieś warzywa plus dodatki spożywcze. Zdarzają się wybitne egzemplarze, gdzie ciasto jest na zakwasie, sera trochę więcej niż zwykle, a szynka lepszej jakości. Niestety rzadko.

Pizza z pomidorami

Dodatki - 51%: pomidory - 53,7%, rozdrobnione pomidory - 19,4%, przecier pomidorowy - 15,5%, oliwa z oliwek z pierwszego tłoczenia - 6,7%, bazylia - 1,3%, czosnek - 1,3%, sól, oregano, skrobia modyfikowana kukurydziana, cukier, czerwona papryczka chili.
Ciasto - 49%: mąka pszenna, woda, oliwa z oliwek z pierwszego tłoczenia - 2,3%, sól, drożdże.

Jedna z lepszych.

Mrożone warzywa

Zupa, warzywa na patelnię, gotowe mieszanki jako drugie danie, warzywa z sosem typu szpinak z sosem śmietanowym itd. – wszystko fajnie, tylko pilnuj, żeby jednym ze składników nie był tłuszcz częściowo utwardzony.

Gotowiec warzywny na patelnię

Marchewka - 32%, ziemniaki - 20%, brązowa soczewica gotowana - 20%, cebula - 14%, masło - 7%, woda, cukier, dziki czosnek - 1%, pieprz czarny, pieprz cayenne.

Fajne!

Mrożone dania mączne

Gotowce, np. knedle, pierogi – bez problemu znajdziesz takie o prostym składzie typu ziemniaki, mąka, woda, sól, olej. Nawet wśród nadziewanych gotowców nie ma jakichś większych dramatów, poza pseudomięsnym nadzieniem z MOM.

Mrożone ziemniaki

Pokutuje mit, że przerobione ziemniaki w postaci zamrożonych frytek, kulek, talarków itp. zawierają tony tłuszczu. To nieprawda – większość produktów tego typu ma od 3 do 5 g tłuszczu na 100 g produktu. Jeśli przygotujesz posiłek w piekarniku, niewiele się zmieni w tym temacie. Oczywiście zdarzają się produkty z długim składem (spulchniacze, zagęstniki itp.), tłuszczem palmowym, ale dość łatwo znaleźć alternatywę z prostym składem typu ziemniaki plus olej.

Ryby mrożone

Przetworzone, panierowane ryby wydają się idealnym rozwiązaniem dla osób, które nie przepadają za rybami. Niestety, tylko w teorii. W praktyce często zdarza się, że większość takiego gotowca to zwykła panierka pod postacią mąki z olejem i bajerami, a ryba to niewielki ułamek całości.

Jeśli kochasz produkty tego typu, zwróć uwagę, aby ryba była w postaci filetu (a nie w stylu odkostnionej papki) i była w przewadze w stosunku do pozostałych składników.

Uwaga! Koniecznie sprawdź warunki przechowywania, o których producent wspomina w oznaczeniach na opakowaniu.

Ryba mrożona
Filet – 65%, mąka pszenna, olej, skrobia ziemniaczana, woda, sól, drożdże, papryka.
Jeden z lepszych mrożonych gotowców rybnych.

Pamiętaj też, że panierowane produkty, smażone na głębokim tłuszczu w wysokiej temperaturze to nie jest coś, co jest zdrowe. Nawet jeśli zawiera kawałek ryby.

Lepiej odpuść

Produkty do bani, które spokojnie możesz sobie darować.

1 **Sosy do spaghetti, orientalne i inne oparte na wodzie lub wodzie z olejem.** Jeśli w składzie jest woda, trochę warzyw i ślad mięsa albo woda z olejem i cukrem, to troszkę szkoda ambarasu.

Sos
Woda, ziemniaki - 15,5%, cebula - 9%, marchew - 7,5%, kapusta kiszona - 7,5%, kiełbasa - 8%, boczek - 4%, koncentrat pomidorowy - 3%, skrobia modyfikowana, pieczarki - 1%, mąka pszenna, sól, cukier, olej rzepakowy, przyprawy i ekstrakty przypraw, aromaty, wzmacniacze smaku, glukoza, warzywa i ekstrakty z warzyw, ocet spirytusowy, hydrolizat białka sojowego, ekstrakt drożdżowy, regulator kwasowości.

Troszkę warzyw, jakieś tłuste na maksa mięso, a reszta składu to...?

2 **Sosy do sałatek i przyprawy do dań oparte na zestawie wzmacniaczy smaku.** Fajnie, tylko po co? Jeśli non stop dodajesz do jedzenia sól i wzmacniacze, to jak właściwie smakuje to, co przygotowujesz?

3 **Gotowe dania mięsne zawierające MOM** (mięso oddzielone mechanicznie) – mniej więcej połowa pulpetów czy klopsów ma fatalny skład. Takim produktom powiedz stanowcze NIE.

4 **Gotowce warzywne udające zdrowe fast foody.** W nazwie warzywa, na etykiecie warzywa, a w składzie pierwsze dwa miejsca to woda i olej, później troszkę warzyw, zagęstniki i inne dodatki.

5 **Pseudopizza mrożona** – produkt zawierający dodatki psudopizzowe typu breja seropodobna, woda z cukrem, octem i skórą pomidora zamiast sosu pomidorowego oraz produkt à la wędlina (40% mięsa + 60% mielonej tektury). Jeśli masz ochotę na pizzę, idź do prawdziwej pizzerii, gdzie dostaniesz bardziej lub mniej przeładowany świeżymi dodatkami placek z prawdziwymi składnikami.

6 **Pasztety warzywne i konserwy zawierające głównie olej z wodą.** Obecnie jest tak szeroki asortyment produktów sterylizowanych, że absolutnie bez żadnego problemu znajdziesz warzywa, mięso, kaszę, ryż czy cokolwiek, co lubisz, bez niepotrzebnych dodatków. Nawet jeśli to jest bio i eko – nadal jest to woda z olejem. A miały być warzywa, mięso, kasza, ryż itd.

7 **Sosy oparte na cukrze z wodą lub wodzie z cukrem.**

Cukier, woda, limonka – 9,2%, fruktoza, kolendra – 3,5%, skrobia, czosnek, czerwona papryka – 1,2%, sól, ocet, regulator kwasowości, ekstrakt drożdżowy, substancje zagęszczające.
Zawartość cukru 32,8 g na 100 g produktu. To jest prawie 1/3 składu. Jeśli stosujesz łyżeczkę, nie ma sprawy. Jeśli lejesz od serca, jest to spora dawka cukru.

8 **Kostki rosołowe – NIE.** Po prostu nie. **BIO** też nie. Szkoda życia na tanie wino, złych ludzi i kostki rosołowe.

16 *Zdrowa żywność, chora żywność*

Zawsze bawi mnie dział „zdrowa żywność" w sklepach. Zwykle jest to jedna alejka, regał lub fragment ściany, a to oznacza, że znakomita większość produktów w sklepie zdrową żywnością jednak nie jest. Ba! Czasami mam wrażenie, że jest wręcz przeciwnie i działy ze zdrową żywnością powinniśmy omijać szerokim łukiem. Zaraz to udowodnię.

Przyjęło się, że w dziale ze zdrową żywnością lądują różne dziwne produkty, które określam pieszczotliwie jako „hipsterskie wynalazki".

Znajdziemy tam też produkty glutenfree, które często nie mają ABSOLUTNIE NIC WSPÓLNEGO ze zdrową żywnością. Bo brak glutenu to brak struktury, rusztowania, specyficznej – tak uwielbianej przez nas – tekstury. A zatem czymś ten brak glutenu trzeba zastąpić, co nie jest takie proste. Projektanci trudzą się w pocie czoła, niestety na razie chyba żadna „masowa proteza glutenu" na rynku polskim nie jest w stanie powalić bezglutenowców na kolana. Prawie wszędzie złote standardy i miałka próba odtworzenia niepowtarzalnego miękiszu.

Dlaczego produkty bezglutenowe mogą być niezdrowe?

Produkty z określonych grup, np. czipsy czy ciastka z tłuszczem utwardzonym i toną cukru, będą tak samo niezdrowe, niezależnie od tego, czy zawierają gluten, czy nie.

Nie nabieraj się na wielkie na pół opakowania, czerwone, uwielbiane przez producentów napisy BEZGLUTENOWY. To tylko informacja przydatna dla osób unikających z różnych przyczyn glutenu. Bezglutenowy produkt może być zdrowy, ale nie musi.

Bezglutenowy NIE JEST
synonimem słowa zdrowy.

A co z BIO, EKO, ORGANIC?

Niestety podobna sytuacja jest z produktami wegańskimi i BIO. Organiczny, ekologiczny, bio – to tylko nazwy mówiące o sposobie produkcji, o tym, że stosowane są np. inne zasady podczas uprawy roślin. W gospodarstwach ekologicznych kontrolowany jest sposób produkcji, a nie produkt końcowy. Fajnie, że nie nawozi się bezpośrednio roślin, nawozy mineralne nie są dopuszczone, stosowane są nawozy naturalne, płodozmian oraz dostarcza się pokarm do żyjących w glebie organizmów. Dodatkowo stawia się często na uprawę odmian odpornych na szkodniki. Głównym założeniem ochrony roślin nie jest zwalczanie chwastów, chorób i szkodników, lecz stworzenie odpowiednich warunków do prawidłowego wzrostu roślin, aby czynniki te nie rozwijały się w uprawie lub aby ich wpływ był minimalny. Jeśli chodzi o chów zwierząt – łączy się cele produkcyjne z potrzebami zwierząt oraz z wymogami środowiska naturalnego, dlatego wielkość obsady wynika z możliwości zachowania równowagi paszowo-nawozowej i jest ograniczona. Ma to swoje wady i zalety, ale to już temat na oddzielną dyskusję. Tymczasem przyjrzyj się dobrze oznaczeniom żywności ekologicznej – to zielony liść. Nie pseudoliść czy prawie liść. Zielony liść, który zawsze wygląda tak samo.

A wracając do meritum – to, że jogurt owocowy jest BIO, nie oznacza, że można jeść go na tony. Nadal może zawierać sporo cukru dodanego, co czyni z niego słodką przekąskę, a nie produkt prozdrowotny.

Fajnie, że z mleka bio. Niestety permanentny nadmiar cukru bio jest tak samo niepożądany w organizmie jak nadmiar zwykłego cukru. Ciastka BIO, zawierające częściowo utwardzone tłuszcze są tak samo słabe jak zwykłe ciastka, bo częściowo uwodorniony tłuszcz bio jest tak samo niezdrowy jak nie bio.

Permanentny nadmiar cukru BIO jest tak samo szkodliwy jak nadmiar zwykłego cukru.

Ja kupuję tylko VEGAN, bo to samo zdrowie.

Znowu skucha. Znak równości między „wegański" a „zdrowy" nie istnieje, a założenie, że jak ma napis VEGAN, to musi być samo zdrowie, jest po prostu nieprawdziwe.

Słowo „wegański" świadczy o braku zawartości składników pochodzenia zwierzęcego i to się chwali, fajnie. Ale nadal produkt wegański może być niezdrowy, ponieważ przykładowo $^1/_2$ składu to tłuszcz częściowo utwardzony albo producent dosypał solidną porcję cukru i ze zwykłej przekąski zrobił nam się ulepek.

Asortyment

Zwykle dział z tzw. zdrową żywnością to niezły miszmasz. Znajdziesz tam niemal wszystko, począwszy od napojów sojowych, tłoczonych soków, przez batony owocowe, czekolady, cukierki i ciastka bez cukru, produkty bez glutenu, na daniach instant, zupach w płynie, makaronach bio, wymyślnych olejach, pseudozdrowych bulionach i czipsach warzywnych z toną tłuszczu oraz prostych kotletach sojowych skończywszy.

Dżem morelowy

Morele ekologiczne – 90%, miód akacjowy ekologiczny – 10%.

Skład spoko, ale musisz liczyć się z tym, że produkt jest 3 razy droższy niż inne.

Warto zainwestować w przeróżne rodzaje mąk, otręby (jeśli masz za mało błonnika w diecie), dobrej jakości pasty warzywne, orzechy i owoce suszone bio, wysokiej jakości dżemy, wegetariańskie gulasze z dobrym składem i dobrej jakości olej lniany.

Zdrowa żywność dla dzieci

Byłabym wyjątkowo ostrożna z produktami dla dzieci (np. keczup, ciastka, napoje), bo napis „bio" czy „glutenfree" absolutnie nie gwarantuje dobrego składu.

Vegan, vege

Uważałabym na pasty roślinne, pasztety wegetariańskie i inne produkty tego typu do chleba. Bardzo często cena odzwierciedla jakość i w tańszych wersjach zamiast warzyw z dodatkiem tłuszczu, w składzie na pierwszym miejscu jest olej, a na drugim woda. Wystarczy rzucić też okiem na tłuszcz, wiadomo, że musi go tu trochę być, bo produkt jest do smarowania, ale wartości powyżej 20 g na 100 g produktu to już naprawdę trochę dużo. •

Pasztet sojowy

Woda, olej rzepakowy, białko sojowe - 6%, kasza manna, ekstrakt drożdżowy, cebula, koncentrat pomidorowy, sól morska, przyprawy (gorczyca), błonnik pszenny, hydrolizat białek roślinnych (soja, kukurydza), aromaty.

I choćby nie wiem, jak bardzo było to bio i eko, jest to woda z olejem.

Pasta z buraka

Burak czerwony - 32%, fasola biała gotowana, olej rzepakowy, seler, pestki słonecznika, woda, naturalny koncentrat soku jabłkowego, żurawina suszona, śliwka suszona - 1,8%, sól, naturalny koncentrat soku.

Fajny skład.

17 *Miód i inne dosładzacze*

Jeśli jesteś z tych, co wszystko jedzą na słodko, ale są już tym ciężkawym nawykiem troszkę zmęczeni – mam dwie wiadomości: dobrą i złą.

Dobra wiadomość jest taka, że każdy z nas ma szanse na odzwyczajenie się od słodkiego smaku i dotarcie do etapu braku potrzeby słodzenia wszystkiego, co wkładamy do ust. Niezależnie od tego, kim jesteś i jak wyglądasz – masz takie same możliwości jak każdy inny człowiek, aby pożegnać uzależnienie od cukru.

Zła wiadomość natomiast jest taka, że niestety niewiele rzeczy w przyrodzie dzieje się samych z siebie i tak samo jak w budowanie firmy, dbanie o dom, ogród, wychowywanie dzieci czy umięśnioną sylwetkę – tu też musisz włożyć trochę pracy. Ważne jednak jest to, żebyś zdawała sobie sprawę, że jesteś w stanie to zrobić. Trzeba powiedzieć to jasno i wyraźnie: mimo wielu nieudanych prób nadal masz spore szanse na sukces.

- **Po co je jemy:** żeby urozmaicić smak, bo kochamy słodkie.
- **Czy można nie jeść:** zdecydowanie tak, nawet jest to zalecane.
- **Ile jeść:** jak najmniej.
- **Na co uważać:** na syntetyczne wynalazki, sztuczny miód, na cudownie brzmiące hasła w stylu „miód manuka rozwiąże każdy twój życiowy problem”.
- **Czego się nie bać:** tego, że jakaś substancja zrobi nam dziurę w mózgu po jednorazowym spożyciu.

Miód

Miód jest produktem wytwarzanym przez pszczoły z zebranego nektaru kwiatowego lub ze spadzi. 70–80% składu stanowią węglowodany, głównie cukry proste (fruktoza i glukoza), oraz dwucukry (sacharoza) i wielocukry. W miodach znajdują się też kwasy organiczne, flawonoidy, barwniki roślinne, białko, enzymy, śladowe ilości witamin oraz makro- i mikroelementów.

Spożywanie miodu wpływa dodatnio na pracę serca, poziom hemoglobiny, ułatwia trawienie, hamuje rozwój niektórych drobnoustrojów oraz działa korzystnie na układ pokarmowy i drogi oddechowe. Zatem miód jest wartościowym zamiennikiem cukru, ale to nie znaczy, że możesz spożywać go bez ograniczeń.

Asortyment

Miód

W dziale z tzw. zdrową żywnością znajdziesz sporo produktów słodzonych miodem. Wiąże się z tym kilka pułapek.

- **Dokładnie** sprawdź, ile produkt zawiera miodu. Często kończy się na deklaracji, a w składzie ilości śladowe.
- **Produkty** z miodem to produkty SŁODZONE, zatem nadal nie robisz nic w kierunku eliminacji słodkiego smaku z każdego posiłku, napoju czy przekąski.
- **Cukier** fizycznie jest w produkcie i choćby był to bardzo drogi miód – nie znika i ma określoną kaloryczność.

Jeśli nie czytasz składów i nie znasz pochodzenia surowca, w ręce może wpaść ci miód z Chin lub produkt łudząco podobny do miodu naturalnego, z oryginałem mający tyle wspólnego co nic, poza aromatem.

Jak odróżnić sztuczny miód od prawdziwego? Sztuczny ma bardziej jednolitą konsystencję, rozlewa się płasko po talerzu, zamiast tworzyć stożek, i rozpuszcza w wodzie, nie tworząc smug, oraz jest lżejszy (1 litr naturalnego produktu waży ok. 1,4 kg).

Sztuczny miód

Cukier inwertowany, syrop skrobiowy, kwas cytrynowy – regulator kwasowości, aromat miodowy.

Zamienniki cukru

Ktoś niedawno zapytał mnie „Pani Aniu, erytrytol czy ksylitol?". Szczerze? Jak dla mnie, to raczej Powolnyodzwyczajol od Słodkismakol. NIE MA jakiejś niezwykłej skali, wedle której zrobimy pozycjonowanie produktów słodzących i sytuacja stanie się nagle klarowna. Substancje słodzące o wyższej szkodliwości zostały wycofane, wokół aspartamu nadal krąży wiele legend i co jakiś czas pojawiają się niepokojące doniesienia.

Być może chcesz odpowiedzi w systemie zero-jedynkowym, ale prawda jest taka, że każde słodzidło ma swoje wady i zalety. Ideałem jest równowaga i umiar w posługiwaniu się słodkim smakiem.

Od jakiegoś czasu panuje szał na alternatywę dla białego cukru. Najpierw ludzie rzucali się na cukier brązowy, trzcinowy, teraz jest moda na ksylitol. Ani ta, ani kolejne mody nie rzucą mnie na kolana z prostej przyczyny. Niektórzy myślą, że dodatek ksylitolu czy stewii załatwia temat. Owszem, ma to swoje zalety, ale zamiana jednego słodkiego na inne słodkie to NADAL słodkie. Potrzeba i przyzwyczajenie zostaje. Trzeba więc zastanowić się, czy nie jest to przypadkiem zamiana siekierki na kijek. Nie ma co się cieszyć, że kupiliśmy batony bez cukru, z samymi daktylami – no fajnie. Ale to jest nadal słodki baton, a cukier z daktyli nie wyparowuje z naszego układu pokarmowego, niestety.

Zatem ponownie wracamy do pozycjonowania. Faktycznie, może lepiej zjeść 35-gramowy baton, ale z orzechami i daktylami (nie same owoce), zamiast 60 g cukru z tłuszczem utwardzonym, tak. Być może jest to niezły etap pośredni na drodze do rezygnacji z kilogramów słodyczy w szufladzie w biurze, tak. ALE jeśli to ma być zamienianie kilogramów jednych słodyczy na drugie – taki sposób na życie, gdzie dwa takie batony zastępują normalny lunch z warzyw z kaszą lub ryby z ziemniakami i kapustą kiszoną – to raczej słabo. Rozważałabym poszerzenie repertuaru przekąsek o coś wytrawnego niż usilne poszukiwania kolejnych cudownych, bo słodkich zamienników, zwłaszcza jeśli chodzi o przyzwyczajone do słodkich przekąsek dzieci.

Przyzwyczaić się do słodkiego smaku w jadłospisie jest niezwykle łatwo. Nawet nie wiadomo kiedy łapiemy się na tym, że dawne dwa kawałki czekolady zjadane do porannej kawy zamieniły się w cztery, bo „oj tam, oj tam – to tylko dwie małe kosteczki". Nazywam to efektem supermarketowym – wszystko jest po 99 gr, a na koniec przy kasie pika znienacka 300 zł. I wtedy pojawia się „ale jak to?". Ano tak to. Tu kosteczka, tam kosteczka i zalecana dawka cukrów prostych strzeliła w okolicach trzynastej, a tu jeszcze ponad pół dnia przed nami.

Czy nie uważasz, że trochę szkoda energii na te niesamowicie przygodowe poszukiwania idealnego słodzidła, zastępowanie cukru coraz bardziej wymyślnymi substancjami, radochę, że mamy w szafce laboratorium chemiczne zamiast białego cukru? Naprawdę warto? Czy nie lepiej zacząć spokojnie myśleć o umiarkowanej podaży słodkości, jedzeniu wszystkiego po trochu i postawić raczej na zbilansowaną dietę plus aktywność sportową zamiast akrobatykę w temacie alfabetu substancji słodzących?

Jestem fanką urozmaicenia, próbowania nowych smaków i różnorodności. Chcesz próbować stewii? Nie ma sprawy. Ksylitol do słodkości? Okej. Woda z miodem zamiast oranżady? Fajnie. Tam gdzie się da, spróbuj kupować produkty oparte na prostych surowcach i wykorzystywać naturalne dosładzacze typu miód, owoce świeże lub suszone.

Gdy jestem w kawiarni lub tam, gdzie się nie da – jem cukier. Robię to z umiarem, uprawiam sport i nie szukam gorączkowo cukierni robiącej ciasta wyłącznie na zamiennikach cukru, nie robię też sobie dziury w mózgu z powodu dokładki normalnego ciasta, jeśli mam na nią ochotę. Szkoda czasu i energii na zajmowanie się takimi bzdurami jak spożywcze wyrzuty sumienia.

18 *Za hajs z cukru w promo baluj*

Jakie to niesamowite, że wystarczy przywalić solidnie cukrem, dodać trochę mąki, najtańszego oleju palmowego, szczyptę dodatków spożywczych, żeby wszystko razem trzymało się kupy, na deser podlać syropem glukozowo-fruktozowym, bo chyba jeszcze za mało słodko, i gotowe. Ewentualnie bardziej na czasie: do syropu glukozowo-fruktozowego lub innego słodzidła dodać soczków owocowych, jakieś witaminki, kilka dodatków spożywczych i żelki gotowe.

Teraz tylko:

- **zatrudnić** speca od reklamy, który wykreuje w tobie potrzebę zakupu kolorowego byle czego,
- **odrobina** marketingowej papki na plakatach,
- **reklama** w telewizji, która przecież nigdy nie kłamie,
- **zmasowana**, płaska i nudna jak flaki z olejem kampania u kilku bezrefleksyjnych influencerów...

I już można zacząć liczyć pieniążki oraz z zaciekawieniem spoglądać na ciebie, gdy za każdym razem cieszysz się obietnicą czegoś tam w ramach zakupu. Tak to działa, kochana.

Mało tego! Jeśli dodatkowo zatrudni się speca z działu dziecięcego, doklei naklejkę z ulubioną postacią z bajek – biznes będzie kręcił się jeszcze lepiej! Przecież nie będziesz na tyle okrutną i złą matką, żeby zepsuć dziecku dzieciństwo, odmawiając czegoś tłustego i słodkiego lub żelusia z witaminkami, gdy maleństwo tak ładnie prosi, prawda?

To nie oznacza, że będę zachęcała cię do całkowitego wyeliminowania cukru z jadłospisu, o nie. Mój stosunek do słodyczy jest dość ambiwalentny, ale wspólnym mianownikiem jest zawsze **świadome spożywanie** i wybieranie jakości zamiast ilości.

Lubię od czasu do czasu pozwolić sobie na coś słodkiego – nie robię z tego problemu. Nie miewam też nigdy wyrzutów sumienia z tego powodu, bo niby czemu miałabym mieć?

Stosując zrównoważoną urozmaiconą dietę oraz pamiętając o aktywności sportowej, nie widzę problemu w zjedzeniu czegoś słodkiego raz na jakiś czas. Są jedynie trzy warunki, które według mnie muszą być spełnione:

- **kupuję** produkty z prostym, w miarę naturalnym składem – mniej, ale normalnego produktu zamiast trzech porcji z wypełniaczami w wersji LIGHT,
- **witamin** i składników mineralnych szukam w warzywach i owocach – nie w żelkach, cukierkach, napojach itp.,
- **staram się** zachować umiar – nie muszę jeść wszystkiego naraz, bo drogie, bo ktoś się postarał (koniecznie przestań reagować na szantaż emocjonalny!), bo się zmarnuje. Nie zmarnuje, potrafię odmawiać, nakładam mniej, mrożę lub zostawiam w lodówce na później.

Co to oznacza w praktyce? Jeśli mam ochotę na czekoladę, jem kawałek czekolady. Większy lub mniejszy, ale kawałek, nie tabliczkę. I czekoladę, a nie nadziewany wyrób czekoladopodobny.

Jeśli mam ochotę na kawałek ciasta, jem normalne ciasto, z normalnym masłem, a nie wodę z odrobiną tłuszczu utwardzonego, słodzikiem, emulgatorami i stabilizatorami, bo przecież bez dodatków spożywczych ten cały LIGHT by się natychmiast rozsypał.

Asortyment

Jeśli miałabym doradzić, jakie słodycze wybierać, postawiłabym na połączenie słodkiego smaku z czymś wartościowym, np. czekolady z orzechami, miodu z sezamem, ciasta ze świeżymi owocami czy warzywami (poszukaj przepisu na ciasto marchewkowe czy brownie fasolowe), ciastek ze zbożami (np. banalne ciastka z płatków owsianych).

Zwracaj uwagę na zawartość cukru (porównuj podobne produkty różnych firm!) i obecność tłuszczu utwardzonego.

Nie nabieraj się na „domowe" czy „tradycyjne" receptury – często mała piekarnia może mieć tak samo beznadziejne składy ciast jak te supermarketowe.

Ciasto drożdżowe

Mąka, woda, masa jajowa, cukier, margaryna (m.in. częściowo utwardzony olej palmowy, emulgatory E471, E475, E322, sól, substancja konserwująca E200, regulator kwasowości, aromat, barwnik), drożdże, proszek mleczny, sól, syrop glukozowy, aromat, stabilizator, emulgator E472.

A teraz porównaj ten skład z ciastem, które robisz w domu albo które robiła twoja babcia.

Drożdżówka

Mąka pszenna, woda, masa jajowa, cukier, margaryna (m.in. częściowo utwardzony olej palmowy, emulgatory E471, E475, E322, sól, substancja konserwująca E200, regulator kwasowości, aromat, barwnik), drożdże, proszek mleczny, sól, skrobia, mleko w proszku, białka mleka, tłuszcz roślinny (olej palmowy), stabilizator E450, emulgator E472, substancje zagęszczające, barwniki, aromaty, barwiące ekstrakty roślinne.

Dramat.

Pączek

Mąka pszenna, woda, cukier, masa jajowa, margaryna (m.in. częściowo utwardzony olej palmowy, emulgatory E471, E475, E322, sól, substancja konserwująca E200, regulator kwasowości, aromat, barwnik), drożdże, proszek mleczny, sól, aromat, stabilizator, emulgator E472, polepszacz, skrobia pszenna, tłuszcz i olej palmowy, nadzienie (woda, syrop glukozowy, cukier, skrobia modyfikowana, tłuszcz palmowy, substancje zagęszczające: E460, E466, E407, E415, regulator kwasowości E575, sól, barwniki, w tym dwutlenek tytanu E171), aromat, substancja konserwująca E202, substancja emulgująca E435.

Na bogato!

Ciasto jogurtowe

Cukier, mąka pszenna, skrobia pszenna, syrop glukozowy, masa jajowa, olej roślinny, woda, białka mleka, proszek jogurtowy (poniżej 2%), substancje spulchniające E450, E500, E336, emulgator E471, sól, stabilizatory E339, E516, substancje zagęszczające E415, E401, E410, ekstrakt z marchwi, regulator kwasowości, substancja żelująca, przeciwutleniacz, substancja konserwująca E202, aromaty.

Proszku jogurtowego poniżej 2%. A wybierałaś je, bo myślałaś, że jest zdrowsze i będzie miało trochę jogurtu w składzie? Też tak myślałam. A później sprawdziłam skład.

Herbatniki

Mąka pszenna, cukier, woda, roślinny olej palmowy, syrop glukozowy, odtłuszczone mleko, substancje spulchniające: E503, E500, sól, demineralizowana serwatka w proszku z mleka, substancja konserwująca: E223 – zawiera dwutlenek siarki/siarczyny, aromat: wanilina.

Tylko po co to wszystko, skoro można kupić prostsze.

Herbatniki

Mąka pszenna, tłuszcz kokosowy.

W tym przypadku mamy niższą niż przeciętnie zawartość cukru i tłuszczu.

Ciastka zawierające tłuszcze utwardzone i większe ilości cukru dodanego (np. więcej niż 15–20 g na 100 g produktu) są dla mnie zdyskwalifikowane. Staram się wybierać takie z orzechami, pestkami, ziarnami i owocami suszonymi, bez cukru dodanego, jak już muszę coś kupić.

Galaretki z biszkoptem

Syrop glukozowo-fruktozowy, cukier, czekolada – 15,3% (cukier, miazga kakaowa, tłuszcz kakaowy, emulgatory – lecytyna sojowa, E476, aromat), mąka pszenna, jaja, skrobia ziemniaczana, zagęszczony sok malinowy – 1,5%, substancja utrzymująca wilgoć (glicerol), olej rzepakowy, regulatory kwasowości (kwas cytrynowy, kwas jabłkowy, cytryniany sodu), substancja żelująca (pektyny), barwniki (koszenila, karoteny), aromaty, sól, substancja spulchniająca (węglany amonu), emulgator E471.

Być może wydaje ci się, że taki leciutki biszkopcik z delikatną galaretką to lepsza alternatywa? Nie sądzę, połowa składu to czysty cukier.

Czekolada

Produkcja czekolady to skomplikowany proces technologiczny, do którego potrzebujemy miazgi kakaowej, tłuszczu kakaowego i cukru pudru. Składnikiem głównym dobrej czekolady jest miazga kakaowa – to jednolita masa otrzymana przez roztarcie uprażonej śruty kakaowej, zawierającej minimum 50% tłuszczu kakaowego.

Proces produkcji obejmuje takie etapy jak (kolejno): mieszanie, mielenie, konszowanie, temperowanie, mieszanie, dozowanie, klepanie i chłodzenie. Jakość czekolady zależy od użytego ziarna kakaowego, które jest głównym surowcem – od jego gatunku, dojrzałości, przebiegu fermentacji, stopnia czystości oraz od sposobu produkcji. Mieszanie jest ważnym elementem procesu. Należy zwracać szczególną uwagę na temperaturę, aby nie przekroczyła 45°C, ponieważ wyższa pogorszy jakość czekolady. Często wspomina się w reklamach o konszowaniu – jest to etap, w którym do masy dodaje się kolejną porcję tłuszczu kakaowego, preparat lecytynowy oraz substancje aromatyczne. Proces odbywa się przy długotrwałym (72 godziny), intensywnym mieszaniu, połączonym z przerzucaniem otrzymanej masy czekoladowej w temperaturze 55–90°C. Celem konszowania jest otrzymanie jednolitej, homogenicznej, zemulgowanej czekolady rozpływającej się w ustach – smacznej i aromatycznej. Przebiegające wtedy procesy fizyczne i chemiczne wpływają na jakość czekolady, poprawiając jej konsystencję, smak i zapach.

W wyrobach czekoladopodobnych w celu uzyskania gładkiej jednorodnej struktury producenci dodają E476 i/lub E322, co pozwala zmniejszyć zawartość drogiego masła kakaowego i obniżyć lepkość masy.

I tu masz gotową odpowiedź na pytanie, dlaczego dwie czekolady o podobnym lub takim samym składzie różnią się ceną – czasami wielokrotnie. Niektórym wydaje się, że przecież to prawie to samo. Ale między czekoladą za 4 zł a taką za 24 zł jest czasami kilka czy kilkadziesiąt godzin i czasem kilka substancji dodatkowych różnicy, jeśli chodzi o proces produkcyjny.

Jeśli masz ochotę na czekoladę, wybierz i zjedz z przyjemnością kawałek prawdziwej czekolady np. z orzechami, zamiast połowy tandetnej podróby z tłuszczem palmowym albo innego nadziewanego byle czego.

Czekolada gorzka (masa kakaowa minimum 85%)
Miazga kakaowa, kakao o obniżonej zawartości tłuszczu, tłuszcz kakaowy, cukier demerara, naturalna wanilia Bourbon.

Czekolada mleczna (masa kakaowa minimum 30%)

Cukier, tłuszcze roślinne w zmiennych proporcjach (palmowy, shea), mleko pełne w proszku, tłuszcz kakaowy, miazga kakaowa, mleko odtłuszczone w proszku, serwatka w proszku (z mleka), emulgatory - lecytyny (z soi), polirycynooleinian poliglicerolu, naturalny ekstrakt wanilii.

Naprawdę słabo.

Kakao

Powstaje z miazgi kakaowej i jest bogate w charakterystyczne związki, m.in. zasady purynowe (teobromina, kofeina) oraz związki polifenolowe.

Owoce kakaowca zrywa się i poddaje fermentacji, w wyniku której zmniejsza się gorycz, następuje rozwinięcie aromatu i odzyskanie brunatnego zabarwienia, a po wysuszeniu – kruchości. Takie wysuszone, sfermentowane ziarno kakaowe określa się mianem ziarna surowego. Następnie ziarna są suszone i mielone.

Prawdziwe kakao nie zawiera cukru, a w smaku jest gorzkawe. Dlatego w sklepach pełno jest proszków pod nazwą „Napój kakaowy", potocznie nazywanych „kakao". Tyle tylko że to nic innego jak cukier (przeciętnie 80% składu) z dodatkiem kakao.

Kakao

Kakao o obniżonej zawartości tłuszczu (zawartość tłuszczu kakaowego 10–12%).

Zawartość cukru 0,5 g na 100 g produktu. Jest gorzkawe.

Napój kakaowy instant

Cukier, kakao – 17%, węglan magnezu, węglan wapnia, aromat, emulgator (lecytyna sojowa), witaminy (witamina C, niacyna, witamina E, kwas pantotenowy, witamina B_6, ryboflawina, tiamina, kwas foliowy, biotyna, witamina B_{12}), sól.

Zawartość cukru 83,4 g na 100 g produktu. I co z tego, że sypiesz tylko dwie łyżeczki? To dodatkowa porcja niepotrzebnego cukru.

Praliny, cukierki, draże, gumy

Kilka uwag.

- **Szczególną** uwagę zwróć na nadzienie. Zdarzają się tłuszcze utwardzone i nie jest to rzadkość. Przy okazji: krówki też często zawierają tłuszcze utwardzone.
- **Marcepan** to masa otrzymana z oczyszczonych i zmiażdżonych z cukrem migdałów, najczęściej w proporcji 1:1, ale zdarza się, że jest więcej cukru.
- **Nie oszukujmy się**, że z karmelków nadziewanych, mlecznych czy galaretek z sokiem uzyskamy cenne składniki mleka czy owoców – chyba nie o to tu chodzi.
- **Barwione draże** itp. – nie polecam. Stosowanie barwników syntetycznych budzi wiele zastrzeżeń. I owszem, obserwuje się trend zastępowania barwników syntetycznych naturalnymi, ale nadal sporo wyrobów na rynku ma zestaw syntetyków.
- **Gumy rozpuszczalne** – choćby miały i milion witamin – NIE. Po prostu NIE.

Rozpuszczalne gumy do żucia

Syrop glukozowy, cukier, całkowicie utwardzony olej kokosowy, soki owocowe – 3%, barwniki, aromaty naturalne, substancja żelująca (guma arabska), dekstryny.

Totalny dramat.

Batony

Od ładnych paru lat panuje szał na batony. Rynek jest zalewany falami: zaczęło się od zbożowych, których oferta poszerza się właściwie z tygodnia na tydzień. Następnie obserwowaliśmy szał na batony typu „raw", owocowe – same owoce lub owoce z dodatkami, a jakiś czas temu ze sklepów z odżywkami wprost do spożywczego weszła moda na batony proteinowe. Wspólnym mianownikiem jest oczywiście mniejsza lub większa, ale jednak dawka cukru. W batonach bez dodatku cukru również jest cukier (i to sporo), ale pochodzi on z owoców suszonych.

Baton zbożowy

Ziarna zbóż – 44,8%, syrop glukozowy, glukoza, ekstrakt słodowy jęczmienny, substancje utrzymujące wilgoć (sorbitole, glicerol), wiśnie liofilizowane – 2,1%, żurawiny suszone słodzone (żurawiny, cukier) – 1,9%, olej palmowy, otręby owsiane, cukier, miód, gluten pszenny, zarodki pszenne, odtłuszczone mleko w proszku, aromat naturalny, skrobia pszenna, sól, substancja spulchniająca (węglany sodu), melasa cukru trzcinowego, emulgator (lecytyny – lecytyna słonecznikowa).

Nie powala na kolana.

Baton owocowy

Daktyle – 50%, orzeszki ziemne – 34,9%, białko ryżowe – 15%, sól – 0,1%.

Dość ciekawy, prosty skład. Fajnie, że nie same daktyle, bo ile można.

Lody

Możesz śmiało między bajki włożyć stwierdzenia typu „lody to nie słodycze, bo są zimne i przecież są z mleka". Postawmy sprawę jasno – lody to słodycze, jedzenie zimnego nie odchudza o 2 kg w 10 minut, a mleko w lodach to już zupełnie inna bajka.

Uważa się, że ojczyzną lodów są Chiny. Jak podają starożytne źródła, już 4000 lat temu chińscy cesarze rozkoszowali się przysmakami ze śniegu lub lodu zmieszanego z owocami i miodem. W Europie prym w tej dziedzinie wiodą do dziś Włosi, ponieważ przez dziesiątki lat zakłady produkujące lody na całym świecie były dziełem włoskich imigrantów.

Lody są produktem otrzymywanym przez zamrożenie pasteryzowanej i schłodzonej płynnej mieszanki mleka lub śmietanki, cukru oraz przypraw smakowo-aromatycznych.

Z pewnością ucieszy cię fakt, że lody – jako przetwory mleczne, mają na tle innych słodyczy korzystniejsze wartości żywieniowe. Podobnie jak mleko – są źródłem wapnia, fosforu oraz witamin z grupy B, w połączeniu z wysoką zawartością laktozy składniki te są łatwo przyswajalne. Laktoza stanowi ok. 20% wszystkich cukrów w lodach, jej obecność w żywności korzystnie wpływa na wzrost mikroflory w układzie pokarmowym oraz sprzyja regulacji kwasowości treści jelitowej.

Lody czekoladowe

Śmietanka, zagęszczone mleko odtłuszczone, cukier, kakao, żółtko jaja, mleko pełne w proszku, tłuszcz kakaowy, pasta kakaowa, bezwodny tłuszcz z mleka, olej kokosowy, lecytyna sojowa, naturalny aromat, masło, skrobia z ryżu, sól, prażone migdały.

Jedne z prostszych wśród popularnych lodów na rynku.

Lody kakaowe

Częściowo odtworzona serwatka w proszku - woda, serwatka w proszku (z mleka), polewa kakaowa - 21% (olej kokosowy, cukier, olej rzepakowy, kakao w proszku o obniżonej zawartości tłuszczu, emulgator - lecytyny, z soi, aromat), cukier, olej kokosowy, syrop glukozowy, skrobia, kakao w proszku o obniżonej zawartości tłuszczu, mleko odtłuszczone w proszku, emulgator (mono- i diglicerydy kwasów tłuszczowych), stabilizatory (mączka chleba świętojańskiego, guma guar).

Polewa kakaowa zamiast czekoladowej.

Sorbety wydają się niezłym rozwiązaniem, ale zdarza się, że tylko z pozoru. Zawartość owoców i cukru dodanego bywa różna w przeciwieństwie do lodów mlecznych, gdzie zawartość cukru na 100 g jest zwykle podobna, porównując ten sam rodzaj różnych marek.

Uważaj na lody niskotłuszczowe, niskocukrowe itp. Podobnie jak np. w czekoladzie, tłuszcz mleczny nadaje specyficzny smak i aromat, a jego obecność zapewnia odpowiednie i charakterystyczne cechy organoleptyczne. Gdy produkt ma niższą zawartość tłuszczu, bywa, że jest to woda lub woda z mlekiem i wieloskładnikowym proszkiem, dzięki któremu zabarwiona i ustabilizowana emulsja trzyma się kupy.

Sprawdzaj skład lodów jogurtowych. Zdarzają się z zawartością jogurtu 40%, średnio jest 20–30%, ale bywają też takie, co mają 9%.

Podsumowując

Jeśli masz ochotę na coś słodkiego, wybieraj takie produkty, które mają jak najbardziej naturalny i nieprzetworzony skład, średnią zawartość cukru zamiast wysokiej oraz brak tłuszczów utwardzonych i częściowo utwardzonych.

Nie rób problemu z niespodziewanego kawałka ciasta czy lodów, ale pamiętaj, że nie musisz kupować i jeść całej porcji naraz. Nawet gdy jest taniej lub za darmo. Zamawiaj pół, zostawiaj dla koleżanki lub schowaj do lodówki „na jutro". Wszystko jest dla ludzi, słodycze też! Ale trzeba mądrze podchodzić do tematu, bez dodawania emocji do jedzenia i bez popadania w skrajności.

19 #coffeetime #teatime

- **Po co je pijemy:** bo jesteśmy uzależnieni, bo lubimy smak.
- **Ile pić:** 1–3 filiżanki dziennie nie powinny stanowić problemu.
- **Na co uważać:** na gotowce typu 3 w 1, śmietanki z proszku oraz na czas parzenia herbaty.
- **Czy można nie pić:** zdecydowanie tak (tak, jasne – akurat).
- **Czego się nie bać:** żyć. Nie bać się żyć.

Kilka uwag

Kofeina w dawkach 50–200 mg (jedna, dwie filiżanki) działa stymulująco, uważana jest za „najpopularniejszy narkotyk świata", jej biodostępność po spożyciu doustnym wynosi prawie 100%. Okres półtrwania u dorosłego wynosi ok. 5 godzin, natomiast u dzieci jest on zdecydowanie dłuższy, np. u wcześniaków ok. 50 godzin. To oznacza, że kobiety w ciąży nie powinny spożywać wysokich dawek kofeiny. Mówi się o trzech filiżankach, ale już 1–2 filiżanki dziennie mogą zwiększać ryzyko: niskiej masy urodzeniowej płodu, występowania opóźnienia wzrostu, poronienia i przedwczesnego porodu. Dodatkowo duże ilości kofeiny zwiększają wydalanie potasu przez nerki, co jest istotne zwłaszcza u ciężarnych.

Konsumpcja kofeiny przez osoby zdrowe nawet przez długi czas nie powinna wywołać szkód zdrowotnych, pod warunkiem że są to ilości w miarę rozsądne (nie 6–10 filiżanek dziennie). Już przy 500 mg kofeiny (ok. 5 filiżanek) mogą pojawić się objawy zatrucia w postaci bezsenności, niepokoju itp., ale wrażliwość na kofeinę jest zróżnicowana indywidualnie. Ponadto warto pamiętać, że pijąc kawę na zmianę z jakimś napojem zawierającym kofeinę, ilości się sumują. To jest cały czas kofeina.

Herbata też może dać kopa. Efekt pobudzający herbaty czarnej osiągniesz po zaparzeniu jej liści przez maksymalnie 2–3 minuty (najwięcej kofeiny). Po dłuższym parzeniu (4–5 minut) herbata zaczyna mieć działanie uspokajające.

Sporą dawkę kofeiny znajdziesz w yerba maté – herbacie paragwajskiej.

Czy YERBA MATÉ jest rakotwórcza?

Rzeczywiście picie dużych ilości (np. kilka filiżanek) yerba maté może zwiększać ryzyko występowania pewnych nowotworów. Ale dotyczy to gorącej maté wędzonej.

Ryzyko to rośnie przy jednoczesnym spożywaniu alkoholu. Zatem wybieraj maté zieloną i odpuść inne używki.

Zawartość kofeiny

Przeciętna zawartość kofeiny na szklankę napoju (240 ml) przedstawia się mniej więcej tak:

- bezkofeinowa **5 mg**
- instant **93 mg**
- z ekspresu **133 mg**
- espresso **320 mg (w 240ml)**
- herbata **45–47 mg**
- maté **78 mg**

Dla porównania: coca-cola **23 mg**
red bull **76 mg**

Co to jest kawa rozpuszczalna?

To zaparzona, odparowana i pozlepiana suszona kawa – tak w dużym skrócie. Przez rozdrobnioną kawę przepuszcza się wodę, następnie uzyskany ekstrakt kawy podlega dalszej obróbce, np. odzyskaniu aromatu, zagęszczeniu oraz suszeniu. Proszek kawowy poddaje się procesowi aglomeracji, czyli delikatnemu nawilżeniu, co umożliwia zlepianie się drobnych cząsteczek w większe skupiska, o większych ziarnach i pożądanym kształcie, porowatych i łatwo rozpuszczalnych w określonych warunkach temperatury i wilgotności. Kawa rozpuszczalna tak jak ziarnista ma swoje wady i zalety. O tajnikach kawy opowie doświadczony barista w dobrej kawiarni – zapytaj.

Czy kawa bezkofeinowa jest niezdrowa?

Kawa bez kofeiny to po prostu kawa z usuniętą na drodze procesu technologicznego kofeiną. Taka kawa zawiera trochę kofeiny, ale bardzo, bardzo mało w porównaniu ze zwykłą kawą – proces ekstrakcji pozwala na usunięcie 97% kofeiny.

Kawa zbożowa

W Polsce kawa zbożowa jest produkowana od 1816 r. Pierwotnie z cykorii, z biegiem czasu zaczęto używać do produkcji także innych surowców bogatych w węglowodany, np. jęczmienia i żyta. Za walory smakowe i aromatyczne odpowiada proces prażenia ziarna żyta, jęczmienia, korzenia buraka cukrowego i cykorii. Produkcja ekstraktu kawy zbożowej przebiega podobnie jak kawy naturalnej. Niestety, znów pojawia się tu temat akrylamidu, tak więc wszystko z umiarem.

Śmietanka do kawy

Kolejny ciekawy temat. Jeśli zabielasz śmietanką, mlekiem skondensowanym itp., przygotuj się na wysoką dawkę tłuszczu i często bajery. Jeśli kupujesz kawę w tanim automacie lub sypiesz tzw. zabielacz, optymistycznie nazywany „śmietanką do kawy", faszerujesz się śmieciowym składem. CODZIENNIE.

Syrop glukozowy, całkowicie utwardzony tłuszcz kokosowy – 32,5%, białka mleka, stabilizatory: E340 i E452, emulgatory E471 i E472e, substancja przeciwzbrylająca: E341, barwnik – karoteny.

Natychmiast wywal to z szafki.

Dlaczego kawa to czasami słodycze?

Wystarczy spojrzeć do tabeli wartości odżywczych. Duża kawa z porcją syropu smakowego i bitą śmietaną to niezła bomba kaloryczna. Gotowiec typu kawa mrożona to nawet 11 (JEDENAŚCIE) łyżeczek cukru. Trochę sporo, nawet jak na napój.

Asortyment

Rzućmy okiem na kilka najciekawszych perełek na rynku.

Kawa

Kawa 3 w 1

Cukier, syrop glukozowy, całkowicie utwardzony tłuszcz z ziaren palmowych, kawa rozpuszczalna – 10,1%, regulatory kwasowości E331, E340, E452, białka mleka, sól, emulgatory E471, E472e, aromaty.

Dla mnie to jest dramat, nie wspominając już o zawartości cukru w czymś takim.

Kawa zbożowa z mlekiem

Zabielacz - syrop glukozowy z pszenicy i kukurydzy, częściowo utwardzone tłuszcze: kokosowy i palmowy, mleko w proszku odtłuszczone, serwatka w proszku (z mleka), stabilizatory E331, E340, białka mleka, emulgator E471, substancja przeciwzbrylająca E551, barwnik E160a, cukier, rozpuszczalna kawa zbożowa - 12% (zboża - 72%, czyli jęczmień, żyto, cykoria, burak cukrowy - prażone), serwatka w proszku - 10% (z mleka), sól, aromat.

Mam nadzieję, że tego produktu nie ma już na rynku. Choćby nie wiem jak aksamitnie i puszyście producent namawiał do zakupu, dwa razy się zastanów. Albo nawet trzy. Jeszcze jedno, zdecydowanie nie polecam takiego czegoś dla dzieci.

Gotowe napoje

Gotowe napoje kawowe w puszkach lub plastikowych opakowaniach, to – mówiąc zupełnie wprost – też jest trochę dramat, nawet jeśli są markowe. Często producent umieszcza na opakowaniu „espresso", a w rzeczywistości jest to zwykły napój oparty na mleku z cukrem z dodatkiem kawy. Zawartość cukru w takim napoju jest podobna do tej w kolorowych napojach gazowanych i wcale nie jest to sam cukier mleczny – większość stanowi cukier dosypany!

Espresso

Mleko - 75%, kawa - 19,8%, cukier - 4,7%, kakao w proszku, aromat naturalny, regulator kwasowości, stabilizatory (karagen, guma guar), emulgator.

To ma być „espresso"? Serio?

Kapsułki

Lubisz gotowe kapsułeczki? Wkładasz opakowanko i zrobione? Myślisz, że pijesz kawkę z mlekiem? To patrz.

Odtłuszczone mleko w proszku - 30%, kawa rozpuszczalna - 20%, cukier, syrop glukozowy, całkowicie utwardzony tłuszcz kokosowy, białka mleka, stabilizator E340, substancja przeciwzbrylająca E551, emulgatory E471, E433, barwnik E160a.

Naprawdę. To jest dokładnie to, co pijesz. CODZIENNIE. I nazywasz to pieszczotliwie „kawą z mlekiem".

Herbata

Rodzajów jest mnóstwo. Można dyskutować na temat zawartości substancji odżywczych, kofeiny, zaparzania w określonych rodzajach opakowań itp., ale w tym miejscu chcę zwrócić twoją uwagę tylko na dwie KLUCZOWE sprawy.

1. CZAS zaparzania. Każdy producent podaje czas zaparzania na opakowaniu i warto się tego trzymać, aby bezpiecznie móc delektować się ulubionym napojem bez konieczności spożywania większej niż przewidziana ilości substancji antyodżywczych.
2. Produkty herbatopodobne. NIE KUPUJ „herbatek" owocowych ani innych typu cukier z dodatkami. To takie słodkie granulki. Nie podawaj ani sobie, ani tym bardziej dziecku.

Herbatka owocowa granulowana

Sacharoza, 3,3% wyciągi owoców (hibiskusa, owoców dzikiej róży, truskawki), maltodekstryna, 0,4% proszku owocowego (jabłka, czarnej porzeczki), witamina C.

Zawartość cukru – ponad 94%. Po co ci to?

20 *Z dodatkiem soku owocowego*

Tutaj sprawa jest prosta i można przedstawić ją krótko. Nie potrzebujesz kolejnej szklanki kolorowego napoju. Z moich obserwacji wynika, że niektórzy ludzie mają wrażenie, iż cukier z napojów słodzonych w magiczny sposób wyparowuje z organizmu po spożyciu. Czyli kiedy zapytam ich, czy jedzą słodycze, odpowiedź brzmi: nie.

Prawda jest taka, że pijąc jedną dużą butlę słodzonego, gazowanego napoju dziennie, dostarczasz do organizmu więcej cukru niż niejedna osoba jedząca słodycze na tony. Nie wierzysz? Prosty rachunek.

Jak obliczyć ilość cukru?

Dla łatwiejszych wyliczeń przyjmijmy, że w tabeli wartości odżywczych podano zawartości cukru na poziomie 10 g na 100 ml produktu. Jeśli pijesz 1 szklankę, czyli około 250 ml, możesz obliczyć zawartość cukru z prostej proporcji.

10 g w 100 ml
x g w 250 ml
x = 25 g (pięć łyżeczek)

Czyli w szklance napoju znajduje się 25 g cukru, łyżeczka to 5 g, zatem pijesz wodę z czymś tam, z dodatkiem 5 łyżeczek cukru. To tyle ile mniej więcej WHO zaleca cukrów dodanych dziennie w ramach troski o zdrowe odżywianie. Tak, dobrze przeczytałaś. Jedna szklanka

napoju załatwia PROPONOWANĄ dobową ilość cukrów prostych dodanych, a przecież to nie wszystko, co jesz, prawda?
Idźmy dalej, bo przecież kto pije zaledwie 1 szklankę napoju?

- puszka 330 ml – 33 g cukru (6,6 łyżeczki)
- butelka 500 ml – 50 g cukru (10 łyżeczek)
- butelka 1000 ml – 100 g cukru (20 łyżeczek)
- butelka 2500 ml – 250 g cukru (50 łyżeczek)

250 g cukru to szklanka pełna cukru – dasz radę zjeść tyle w ciągu dnia?

Zrób eksperyment

Jeśli kochasz słodkie, kolorowe napoje, zrób taki mały domowy eksperyment. Weź szklankę wody, wsyp do niej dokładnie pięć łyżeczek cukru, wymieszaj. Nie jest to syrop glukozowo-fruktozowy, więc trochę potrwa, zanim się rozpuści. A teraz wypij – postaraj się wypić z takim samym smakiem, z jakim pijesz ulubiony napój. Średnio wchodzi bez kwasów, regulatora kwasowości itp.? Ojej, niemożliwe.

Z witaminami

Bardzo ciekawą grupą napojów są produkty witaminizowane. Przyznam szczerze, że dawno temu sama w to wierzyłam. Wydawało mi się, że ten kluczowy napis „z dodatkiem witamin" załatwi wszystkie problemy współczesnego świata. A później poszłam na studia i dowiedziałam się troszkę więcej na temat witamin, ich biodostępności, trwałości i metabolizmu w organizmie. I nie przypominam sobie, żeby uczyli nas, iż woda z cukrem, odrobiną soczku z koncentratu i witaminek na otarcie łez tak silnie wspiera odporność, ale może coś mnie ominęło.

Woda z cukrem, sokiem i cukrem

Nie przekonują mnie napoje typu woda, syrop, naparstek soku zagęszczonego, cukier – choćby nie wiem jakie hasła reklamowe, rysunki i obietnice były na przodzie opakowania.

Uważaj na alkohol

Być może słyszałaś, że piwo można nazwać napojem odżywczym dzięki składnikom, które w wyniku różnych procesów chemicznych i biochemicznych rozpuściły się w nim, oraz obecności witamin z grupy B syntetyzowanych przez drożdże piwowarskie. Natomiast niewiele osób mówi o zawartości cukru w wyrobach słodzonych, a rynek takich produktów rozszerza się z każdym sezonem letnim. Bardzo fajnie, że coraz więcej mamy na półkach wyrobów 0,0% alkoholu i trend jest na tyle silny, że już nie wstyd pokazać się z bezalkoholem na osiedlu, bo przecież na Instagramie też się pokazywali.

Niestety tzw. piwa smakowe to cukier, i to niemało. W pierwszym z brzegu zawartość sięga ok. 5 g na 100 ml (z czego 2–3 g to cukry pochodzenia naturalnego), w niektórych bardzo popularnych można doszukać się nawet ponad 9 g na 100 ml. I uwaga, uwaga – jest to zawartość w zaledwie 100 ml, przy czym jednorazowo spożywasz zwykle 300–500 ml, zatem ogólnie mamy nawet 45 g cukru w butelce i niestety – większość to cukier dodany. Czy warto?

Jak żyć?

Dobrym pomysłem jest powolne odzwyczajanie się od picia słodkiego napoju – rozcieńczanie sokopodobnych rarytasów, kupowanie mniejszych objętości ulubionych produktów lub tych o niższej zawartości cukrów dodanych, plus oczywiście domowe lemoniady, soki – stopniowo, powoli, wszystko w swoim tempie.

Asortyment

Krótki przegląd z komentarzem.

Sok pomarańczowy

Sok pomarańczowy z zagęszczonego soku pomarańczowego. Pasteryzowany.

Łał, wielka mi atrakcja.

Sok tłoczony, NFC

Sok jabłkowy – 70%, sok marchwiowy – 30%, tłoczony, nie z koncentratu, pasteryzowany.

Tu już lepiej.

Sok jednodniowy.

Sok z marchewki, jednodniowy, naturalnie mętny, niepasteryzowany.

Jeśli możesz spożywać produkty niepasteryzowane, jest to dobry wybór.

Napój pomarańczowy

Woda, syrop fruktozowo-glukozowy, dwutlenek węgla, sok pomarańczowy z soku zagęszczonego – 4%, kwas (kwas cytrynowy), substancja konserwująca (sorbinian potasu), przeciwutleniacz (kwas askorbinowy), aromaty, substancje słodzące (acesulfam K, sukraloza), stabilizator (guma arabska), barwniki (E160e, karoteny).

Sok z soku zagęszczonego 4% – to nawet nie jest łyżeczka na 100 ml. Plus nieco obniżona zawartość cukru, ale nieco to ok. 20%, czyli nadal w butelce cukru jest DUŻO.

Napój typu cola

Woda, cukier, dwutlenek węgla, barwnik E150d, kwas fosforowy, naturalne aromaty, w tym kofeina.

Jeśli pijesz na litry, dentystka z pewnością zaprosi cię na przegląd. Plus ponad 10 g cukru na 100 ml, czyli ponad 5 łyżeczek cukru w szklance. Brawo.

Napój owocowy

Woda, sok jabłkowy z zagęszczonego soku – 19%, syrop glukozowo-fruktozowy, sok brzoskwiniowy z zagęszczonego soku – 1%, regulator kwasowości – kwas cytrynowy, aromat.

Zawartość cukru ponad 8 g na 100 ml. Myślisz, że to same cukry naturalne? He, he.

Energetyk

Woda, cukier, regulatory kwasowości – kwas cytrynowy i cytryniany sodu, dwutlenek węgla, tauryna – 0,4%, aromat, kofeina – 0,03%, witaminy (niacyna, kwas pantotenowy, witaminy B_6, B_{12}), barwniki – błękit brylantowy FCF, ryboflawiny.

Zawartość cukru ponad 11 g na 100 ml, czyli puszeczka to ponad 28 g cukru (ponad 5,5 łyżeczki), błękit brylantowy FCF gratis. Warto?

Napoje sugarfree

Jeśli chodzi o słodziki – nie jestem fanką, bo to rozwiązuje problem połowicznie. Nadal pijesz słodkie.

Jeśli chodzi o napoje typu woda z aromatem naturalnym lub z odrobiną soku z cytryny – jasne! Ale uważaj, co kupujesz, możesz się bardzo zdziwić, nie czytając etykiet.

Napój bez cukru

Woda, kwas – kwas cytrynowy, regulator kwasowości – cytryniany sodu, aromaty, substancje konserwujące – sorbinian potasu, benzoesan sodu, L-karnityna – 20 mg/100 ml, substancje słodzące – cyklaminiany, sacharyny, acesulfam K, przeciwutleniacz – kwas askorbinowy, substancje wzbogacające – witaminy (niacyna, witamina B_6, biotyna, witamina B_{12}).

Owszem, cukier 0,0 g, fajny pomysł, ale uważaj na bajery. Czy na pewno potrzebne ci kolejne porcje konserwantów i słodzików?

Napój z niską zawartością cukru

Woda, fruktoza, regulator kwasowości – kwas cytrynowy, naturalny aromat, ekstrakt z estragonu – 0,02%, ekstrakt z mięty – 0,02%, przeciwutleniacz – kwas askorbinowy, ekstrakt z korzenia mniszka lekarskiego – 0,007%, ekstrakt z korzenia pokrzywy – 0,007%, substancje wzbogacające – witaminy (niacyna, kwas pantotenowy, witamina B_6, kwas foliowy, biotyna, witamina B_{12}).

Fakt – cukier 1,2 g na 100 ml, dodatek fruktozy może nie jest najszczęśliwszym wyjściem w niektórych przypadkach, ale tu jest jej naprawdę niewiele.

Witaminizowana woda

Woda, naturalny aromat miętowy, witaminy.

Niezły wybór, jeśli już koniecznie musisz wyjść ze sklepu z napojem.

21 *Produkty dla dzieci – upadek przemysłu spożywczego*

Na co uważać: na tłuszcz utwardzany, tony cukru, herbatki granulowane, niektóre dodatki spożywcze i wszystkich ludzi, którzy twierdzą, że „dziecko zasługuje na normalne dzieciństwo", „oj tam, oj tam – raz można", gdy „raz" jest u nich CODZIENNIE, i na osoby, które będą wywoływały w tobie poczucie winy, bo nie dajesz dzieciom połowy śmietnika do szkoły „jak wszyscy".

Czego się nie bać: ryb!

Jedzenie dla dzieci i niemowląt to trudny temat. Ludzie nie interesują się lub mają w nosie związek między sposobem żywienia a zdrowiem, nie rozumieją, że pierwsze trzy lata życia są istotne pod względem kształtowania nawyków żywieniowych, i nie tylko.

Mimo że istnieją zalecenia, aby NIE DODAWAĆ soli i cukru w pokarmach dla niemowląt, słoiczki z jedzeniem dla dzieci już po 4. miesiącu życia zawierają cukier. Ponadto wedle badań 83,7% potraw przygotowywanych metodami domowymi dla rocznych (!) dzieci było dosalanych. Inne polskie badania wykazały, że 86–95% płynów stosowanych w dopajaniu dzieci w różnych grupach wiekowych stanowiło dodatkowe źródło cukrów prostych, 80% niemowląt (!) spożywało słodycze, a 30% przynajmniej 3 razy w tygodniu. Przypominam, że cukier to najważniejszy czynnik rozwoju próchnicy, a dwulatek na fotelu dentystycznym to już właściwie smutny standard.

Mam wrażenie, że producenci żywności dla dzieci traktują nas, rodziców, jak bezmyślnych analfabetów, którzy na fali kolorowej, uśmiechniętej papki marketingowej w mediach łykną, jak te młode rekinki, wszystko, co im się podsunie pod nos. Wiem, że przemysł żywności (i ogólnie produktów) dla dzieci to olbrzymie pieniądze, ale powinny być jakieś granice. Tymczasem granic nie ma, a rynek produktów dla dzieci wygląda jak szerokie koryto z wartko płynącym ściekiem.

Co wyrzucić z koszyka – tak w skrócie?

Produkty dla niemowląt nie powinny zawierać cukru dodanego. Soli też nie muszą. Możesz zatem śmiało wywalić do kosza np. wszystkie napoje i granulowane herbatki, które masz na półce.

Dobrze by było, aby żywność dla dzieci była jak najbardziej prosta, nieprzetworzona, świeża, bogata w łatwo przyswajalne wartości odżywcze. Nie kupuj dziecku pseudowędliny czy parówek zawierających skóry i tłuszcz zwierzęcy, mięso oddzielone mechanicznie i inne składniki, których twoje dziecko nie potrzebuje do życia – wręcz przeciwnie.

Wywal z koszyka wszystkie produkty zawierające tłuszcze utwardzane oraz nadmiar cukru. Twoje dziecko naprawdę NIE POTRZEBUJE SŁODYCZY do prawidłowego rozwoju. Wręcz przeciwnie!

Bądź ostrożna z kolorowym śmieciowym jedzeniem, farbowanym syntetycznymi barwnikami, zawierającym najczęściej tonę cukru i nic poza tym. Nie szkoda ci faszerować młodego organizmu takim byle czym?

Proponuj dziecku jak najczęściej świeże warzywa i owoce, raz w tygodniu ryby.

I na koniec: pamiętaj – nigdy nie kupuj dziecku byle czego do jedzenia w nagrodę. Jeśli chcesz pokazać różnorodność rynku, całe spektrum produktów spożywczych, łącznie z tymi najmniej wartościowymi – okej. Ale zrób to na zasadzie urozmaicenia, próbowania nowych smaków i zwrócenia uwagi na negatywne strony takich rozwiązań. **Nigdy** jako wynagrodzenie wysiłku, łagodzenie stresu czy wzmocnienie pozytywnych zachowań. Nie buduj w dziecku przeświadczenia, że w nagrodę można dostać wiadro syropu.

W nagrodę, sobie i dziecku, dawaj zawsze nagrody.

Podsumowanie

Na koniec kilka rzeczy, które przydadzą się w trakcie pracy nad świadomym kupowaniem

1 **Nie wszystko naraz.** Nie ma potrzeby, abyś wszystkie możliwe zmiany, które po przeczytaniu tej książki przyszły ci do głowy, wprowadziła w ciągu 24 godzin. Jeśli masz na to ochotę i siłę, nie ma sprawy. Jeśli nie, zrób to krok po kroku. To doskonałe wyjście.

2 **Wybierz moment.** Nie każdy moment jest dobry na zmiany i nie każdy jest nadczłowiekiem 24/7. Czasem trzeba przeczekać, nabrać sił, zregenerować się. Zacznij, gdy będziesz gotowa. TY. Nie ja, koleżanka, pani z telewizji.

3 **Daj sobie prawo do popełniania błędów.** Każdy ma prawo pomylić się, bez tego nie ma nauki nowych rzeczy. Nie ma nic złego w popełnianiu błędów. Zaakceptuj to.

4 **Wstań i otrzep się po porażce.** Nie trać czasu na wyrzuty sumienia, zamartwianie się, że w pośpiechu kupiłaś gorszy produkt zamiast lepszego, że mogłaś coś lepiej, inaczej itd. Może mogłaś. A może nie mogłaś. To już naprawdę nic nie zmieni, wyciągnij wnioski i idź do przodu.

5 **Bądź dla siebie dobra.** Szanuj siebie, swoje zdrowie, swój czas, szanuj też innych, ich wybory oraz wymagaj od ludzi dookoła, aby również szanowali ciebie, niezależnie kim jesteś. Rozpieszczaj siebie, przymykaj oko i przestań katować się natrętnymi myślami, które I TAK NIC NIE ZMIENIĄ.

6 **Siłę woli również trzeba ćwiczyć.** Trenuj, zaczynając od prostych zadań. Nie stawiaj sobie od razu wysoko poprzeczki,

zakładając, np. że rzucisz słodycze z dnia na dzień. Tu upadek z wysokiego konia jest bardzo możliwy, więc zastanów się nad rozpoczęciem trenowania na kucyku.

7 Z każdej sytuacji zawsze jest wyjście. Czasem łatwo je znaleźć, czasem droga jest długa i kręta. Warto nią podążać, bo z czasem robi się coraz mniej kręta, z czasem jest coraz łatwiej, zdrowe nawyki wchodzą w krew i działasz automatycznie. Pewnego dnia bez specjalnego zastanawiania się wejdziesz do sklepu, załadujesz koszyk zdrowymi produktami, myśląc przy tym o niebieskich migdałach, i pójdziesz dalej.

Świadome robienie zakupów i odżywianie jest trochę jak jazda na rowerze. Raz złapiesz temat i jedziesz. Możesz później udoskonalać styl jazdy, kupić lepszy sprzęt, nauczyć się akrobacji, ale nadal jedziesz do przodu.

Być może wydaje ci się to teraz nierealne i absurdalne, ale nic nie stoi na przeszkodzie, żeby samodzielnie przekonać się, czy mam rację. Życie to wieczna sztuka zaczynania od nowa, próbowania, nauka nowych umiejętności i doskonalenie starych. Podnoszenie się z kolan i zmaganie się z samym sobą. Nie ma w tym nic złego, wystarczy zaakceptować taką kolej rzeczy. Dzieci, ucząc się chodzić, nie leżą godzinami, płacząc „dlaczego mnie to spotkało" – to byłby dopiero absurd. Takim samym absurdem jest twoje podejście, jeśli rozpamiętujesz poprzednie nieudane próby.

Nie udało się?

Czy coś się stało w związku z tym?

A co jak się znowu nie uda?

No właśnie. Nic.

Nic się nie stało i nic się nie stanie, jeśli znów się nie uda.

Wyobraź sobie siebie, gdy uczyłaś się chodzić. Jeszcze raz wstań, otrzep się, wzrusz ramionami i spokojnie próbuj dalej.

Lista zakupów

Oto kilka ściąg, rzuć okiem na produkty w zależności od tego, w której grupie jesteś. Na start moja prywatna lista.

I

I. Moje must have

Nie wyobrażam sobie szafki w kuchni bez podstawowej baterii wspomagaczy. Dla mnie absolutna baza to kilka produktów na plus, czyli podręczny składzik smakołyków Gospodyni Lastminute.

1 **Proste pomidory bez dodatków** (np. w szklanej butelce) do zrobienia błyskawicznej pomidorowej lub sosu.

2 **Prosty sos wielowarzywny** (lub tylko z pomidorów) do makaronu, ale nie woda z olejem i kawałkiem pomidora! WARZYWA. Do tego zioła, przyprawy, może być trochę oliwy, rzepaku itp.

Pomidory, woda, papryka – 18%, pieczarki – 16%, cebula – 8%, cukier, olej rzepakowy, sól, skrobia modyfikowana, czosnek, ocet spirytusowy, pieprz czarny, oregano.

3 **Pasta warzywna do chleba** – warzywa z dodatkiem oleju i przypraw. Dokładnie w tej kolejności. Jeśli jest to olej z wodą i warzywami, raczej dziękuję i szukam innej opcji.

4 **Pomidory suszone** – jeśli uda mi się znaleźć suszone na słońcu, pływające w oliwie, fajnie. Trudno takie znaleźć, ale warto poszukać. Jeśli nie, wybieram z tych, jakie są.

5 **Warzywa mrożone** – mogą być w formie mieszanki na zupę albo w postaci dania na patelnię. Jedna zasada: żadnych tłuszczów utwardzanych i częściowo utwardzanych!

Gotowiec warzywny na patelnię

Marchewka - 32%, ziemniaki - 20%, brązowa soczewica gotowana - 20%, cebula - 14%, masło - 7%, woda, cukier, dziki czosnek - 1%, pieprz czarny, pieprz cayenne.

6 **Kasze: kasza jaglana, pęczak, mieszanka kasz, mieszanka kasz z soczewicą itp.** – błyskawicznie wyczarowuję z tego zwykły lub niezwykły gotowy posiłek. Dodaję resztki z lodówki i niepowtarzalne danie gotowe!

Gotowiec z kaszą i warzywami.

Kasza gryczana biała - 65%, soczewica czerwona, dynia suszona - 5,5%, pestki słonecznika - 5,5%, pestki dyni - 5,5%, cebula suszona, szpinak suszony, czosnek suszony.

7 **Gotowce do odgrzania** – jeśli mam minutę na otwarcie słoika lub opakowania i podgrzanie czegoś, szukam prostych dań warzywnych bez nadmiernej ilości dodatków.

8 **Warzywa strączkowe** – w puszce lub suche. Zawsze mam jakieś białko roślinne pod ręką.

9 **Natka i kapusta kiszona (czyli #kiszynkebydż)** – coś, co zawsze mam w domu. A jak mnie nie ma w domu, to natka i tak jest – zamrożona.

10 **Orzechy i/lub migdały** – mam je w domu, w samochodzie i w torebce.

11 **Gorzka czekolada minimum 80% kakao** – zawsze mam ją w domu, jem kostkę dziennie z garścią orzechów, do kawki.

12 **Napój roślinny** – zawsze się przydaje: do kawy, owsianki lub kaszy jaglanej.

II. Mam szafkę, zamrażarkę i nie zawaham się ich użyć

Słusznie. Warto mieć zapas surowców i półproduktów, z których w razie czego można rzeźbić do woli, w dowolnych kombinacjach smakowo-czasowych.

1 Proste pomidory w szkle bez dodatków.
2 Warzywa strączkowe, np. soczewica, ciecierzyca – suche i puszkowane.
3 Orzechy, migdały.
4 Płatki owsiane.
5 Kasze: jaglana, pęczak, gryczana – kupuj to, co lubisz.
6 Ryż – do risotto, dziki, brązowy.
7 Sezam, siemię lniane, czarnuszka.
8 Masło orzechowe lub fistaszki niesolone.
9 Orzechy nerkowca, migdały lub wiórki kokosowe do zrobienia napoju roślinnego.
10 Prosty sos wielowarzywny.
11 Zioła, przyprawy
12 Dobry olej lniany, oliwa z pierwszego tłoczenia, olej rzepakowy.
13 Pasta warzywna do chleba.
14 Poprawiacze last minute: pomidory suszone, kapary, anchois.
15 Warzywa mrożone – na zupę, na patelnię.
16 Mieszanki suche last minute: mieszanki kasz, ryżu, mieszanka kaszy z soczewicą itp.
17 Prawdziwy polski miód.
18 Dobrej jakości gorzka czekolada (minimum 70% kakao).
19 Napój roślinny.
20 Sok z buraków – niezła baza do barszczu.
21 Sok pomidorowy – zawsze się przydaje.
22 Różne rodzaje mąk.

III. 1000 razy już próbowałam

To spróbuj 1001. raz, nie zaszkodzi. To nieważne, ile razy próbowałaś. Wiesz przecież, że warto po raz kolejny podnieść się, otrzepać i iść dalej. Każdy z nas ma szansę, że się uda niezależnie od tego, ile razy próbował. Może nie wszystko od razu i zdecydowanie nie wszystko naraz, ale spróbuj wdrożyć 1–2 rzeczy raz na jakiś czas. Budowanie nowego nawyku nie trwa trzy dni, ale jeśli będziesz pamiętała np. o natce do zupy za każdym razem, po kilku tygodniach nie wyjdziesz ze sklepu bez natki, bo „to oczywiste, że musisz mieć ją w lodówce". Podobnie z innymi produktami. Zbudowanie nowego nawyku – jakkolwiek żmudne i czasem trudne, bo wymaga od nas świadomej pracy codziennie – opłaca się. Zastanów się: kilka dni czy tygodni skupienia i wysiłku, a później całe życie na automacie. Czyż to nie brzmi luksusowo?

Małe kroki do wprowadzenia na start. Jak poczujesz się pewnie w tym obszarze, rzuć okiem na pozostałe listy. Tylko za każdym razem rób wszystko w swoim tempie i na luzie. Nie uda się? Spróbuj jeszcze raz. I jeszcze. Jeśli jesteś gotowa, nie czekaj do jutra. Zacznij TERAZ.

1. Proste pomidory w szkle bez dodatków – baza do zupy czy sosu.
2. Warzywa strączkowe, np. soczewica, ciecierzyca – w puszce lub suche.
3. Orzechy, migdały – miej zawsze przy sobie, uratują cię w niespodziewanym momencie.
4. Płatki owsiane – na śniadanie, do ciastek.
5. Kasze: jaglana, pęczak, gryczana – kupuj to, co lubisz.
6. Ryż – do risotto, dziki, brązowy – próbuj nowości.
7. Sezam, siemię lniane – do śniadania i do obiadu.
8. Masło orzechowe lub fistaszki niesolone – porcja białka i tłuszczu na prawie słodko.
9. Prosty sos wielowarzywny do makaronu czy ryżu – zamiast hamburgera czy zapiekanki, wystarczy podgrzać.
10. Zioła, przyprawy – eksperymentuj.

11 Dobry olej lniany – na zimno, oliwa z pierwszego tłoczenia, olej rzepakowy – na ciepło.
12 Pasta warzywna do chleba – fajna alternatywa zamiast wędliny.
13 Poprawiacze last minute: pomidory suszone, kapary, anchois – jak wyjdzie ci warzywna breja bez smaku, uratują danie.
14 Warzywa mrożone – na zupę, na patelnię – warto!
15 Mieszanki suche last minute: mieszanki kasz, ryżu, mieszanka kaszy z soczewicą itp. – w sytuacji kryzysowej uratują cię przed bezmyślnym fast foodem.
16 Prawdziwy polski miód – jeśli musisz na słodko.
17 Dobrej jakości czekolada z orzechami, gorzką też kup i jedz na zmianę lub razem.
18 Awokado – do chleba zamiast masła, do sosu, do przekąsek na słono, do musu czekoladowego – serio.
19 Zamiennik czipsów – zobacz w rozdziale o czipsach.
20 Kapusta, ogórki kiszone – jak cię najdzie chęć na podjadanie, zacznij od kiszonek.
21 Proste ciastka z mniejszą zawartością tłuszczu i cukru.
22 Morele niesiarkowane – warto podgryzać zamiast żelków.

IV

IV. Średnio mnie to wszystko rusza, ale coś tam bym może zmieniła

No i super. Nie trzeba od razu budować skomplikowanych architektonicznie konstrukcji. Można najpierw zacząć od zamku z piasku, potem może coś z papieru, drewna i w końcu walnąć coś z cegły. Może złapiesz temat, a może nie. Z pewnością twój organizm będzie wdzięczny za jakiekolwiek zmiany, ale nie musisz robić ich na siłę. Zacznij od kilku banalnych trików. Sprawdź, czy ci się spodoba, czy odczujesz zmianę. Jeśli nie widzisz różnicy między szklanką wody z 2 a 5 łyżeczkami cukru, może nie warto wracać do starych nawyków, tylko zostać przy wprowadzonych zmianach? Pamiętaj, że niektóre skutki zobaczysz dopiero po kilku tygodniach.

1. Proste pomidory w szkle bez dodatków.
2. Orzechy, migdały – do podjadania.
3. Płatki owsiane błyskawiczne – banalne śniadanie.
4. Masło orzechowe – do kanapki lub owsianki.
5. Prosty sos wielowarzywny – gotowiec do makaronu, ryżu lub kaszy.
6. Dobry olej lniany, oliwa z pierwszego tłoczenia, olej rzepakowy.
7. Pasta warzywna do chleba – kolejna porcja warzyw w twoim menu, zamiast non stop mięcha.
8. Poprawiacze last minute: pomidory suszone, kapary, anchois – do warzywnej brei bez smaku, uratują danie.
9. Warzywa mrożone – na zupę, na patelnię – zamiast pizzy.
10. Prawdziwy polski miód – zamiast ton cukru w napojach.
11. Dobrej jakości czekolada z orzechami, gorzką też kup i jedz na zmianę lub razem.
12. Awokado – do chleba zamiast masła, do sosu do przekąsek na słono.
13. Zamiennik czipsów – zobacz w rozdziale o czipsach.
14. Kapusta, ogórki kiszone – jak cię najdzie na podjadanie, zacznij od kiszonek.
15. Proste ciastka z mniejszą zawartością tłuszczu i cukru.
16. Morele niesiarkowane – zamiast żelków.

V. Mam dzieci, brak mi czasu, ale chcę się dobrze odżywiać

Doskonale cię rozumiem. Człowiek chciałby, aby na każdym polu wszystko było idealne albo przynajmniej prawie idealne. Ale tak się nie da. Możesz odpuścić wyścig z czasem, zachęcam wręcz do wrzucenia na luz tam, gdzie się da. Oczywiście są obszary, gdzie trzeba dokręcić śrubę, np. podczas budowania zdrowych nawyków u dzieci – od urodzenia. Ale to nie oznacza jechania o 5 rano na rynek ekologicznych warzyw, jeśli nie masz takiej opcji.

Korzystaj z półproduktów dobrej jakości, stawiaj na warzywa – również te lekko przetworzone, bo nieraz uratują cię przed zamówieniem bezwartościowego fast foodu (oraz podaniem słabego przykładu dzieciom na tacy).

A jeśli zdarzy się sytuacja bez wyjścia i dotrzesz do ściany – rób, jak wychodzi, pomijając etap wyrzutów sumienia. One NAPRAWDĘ nic nie wnoszą do twojego życia, poza niepotrzebnym stresem i stratą energii. Zamiast tracić czas, kup dobre półprodukty i ugotujcie z nich coś wspólnie!

1. Proste pomidory w szkle bez dodatków – nieraz uratują ci skórę.
2. Warzywa strączkowe, np. soczewica, ciecierzyca – w puszce to błyskawiczna porcja białka w sosie pomidorowym zamiast mięsa.
3. Orzechy, migdały – podjadajcie razem zamiast byle czego w stylu czipsy czy żelki.
4. Płatki osiane – zróbcie razem ciastka, owsiankę, koktajl.
5. Kasze: jaglana, pęczak, gryczana – kupuj to, co lubisz, pokazuj dzieciakom surowe i ugotowane.
6. Ryż – do risotto, dziki, brązowy – bawcie się kolorami.
7. Sezam, siemię lniane – posypujcie owsiankę i ciastka.
8. Masło orzechowe lub fistaszki niesolone – białko i tłuszcz, do owsianki lub na kanapkę, dziecko chętnie zrobi samo.
9. Orzechy nerkowca, migdały lub wiórki kokosowe do zrobienia napoju roślinnego – fajna zabawa i nauka przy okazji.
10. Prosty sos wielowarzywny – uratuje przed zamawianiem pizzy.
11. Dobry olej lniany – na zimno, oliwa z pierwszego tłoczenia, olej rzepakowy – na ciepło.
12. Pasta warzywna do chleba – pokaż dzieciom, że kanapki nie muszą być wyłącznie z mięsem.

13 Warzywa mrożone – na zupę, na patelnię, musowo.
14 Mieszanki suche last minute: mieszanki kasz, ryżu, mieszanka kaszy z soczewicą itp. – zdrowy fast food.
15 Prawdziwy polski miód – gdy trzeba dosłodzić jogurt.
16 Dobrej jakości czekolada z orzechami, gorzką też kup i jedzcie na zmianę z mleczną.
17 Awokado – do chleba zamiast masła, do sosu do przekąsek na słono, do musu czekoladowego – bardzo łatwo zrobić wspólnie takie dania, bo dojrzałe awokado jest miękkie, nie potrzeba noża.
18 Kapusta, ogórki kiszone – jak cię najdzie ochota na podjadanie, zacznij od kiszonek, pokaż dziecku, że to fajny sposób na wprowadzenie m.in. probiotyków do menu.
19 Proste ciastka z mniejszą zawartością tłuszczu i cukru lub bez cukru dodanego – jeśli muszą być ciastka.
20 Morele niesiarkowane – pokrój w paski i podgryzajcie zamiast żelków.
21 Tahini – pasta sezamowa, możesz z dzieckiem prosto i szybko zrobić z niej hummus.
22 Napój roślinny – ugotujcie na nim płatki owsiane na śniadanie lub ciastka oraz kaszę jaglaną na banalny i zdrowy budyń jaglany!

VI. Fajnie, ale w nosie mam gotowanie, więc wiesz

Wiem, wiem, pełna zgoda. Nie każdy musi być wirtuozem, ale też nie każdy lubi godzinami taplać się w kuchni. W tej sytuacji stawiaj na półprodukty najwyższej jakości, nie żałuj pieniędzy na ekologiczną żywność, jeśli masz taką możliwość. Wybieraj surowce regionalne minimalnie przetworzone, ale mimo wszystko dające swobodę działania, ze względu na szerokie możliwości wykorzystania.

1. Proste pomidory w szkle bez dodatków.
2. Warzywa strączkowe w puszce, np. soczewica, fasola, ciecierzyca – przepłucz i wrzucaj do prostego sosu pomidorowego zamiast mięsa.
3. Orzechy, migdały – miej zawsze przy sobie. Zamiast bezsensownych przekąsek.
4. Płatki owsiane, jaglane błyskawiczne lub dobre müsli – zalewasz wrzątkiem i gotowe.
5. Sezam, siemię lniane – posypuj owsiankę lub obiad.
6. Masło orzechowe – do kanapki, do owsianki.
7. Prosty sos wielowarzywny – otwierasz, podgrzewasz i gotowe.
8. Dobry olej lniany – na zimno, oliwa z pierwszego tłoczenia, olej rzepakowy – na ciepło.
9. Pasta warzywna do chleba – kolejna porcja warzyw w twoim menu, zamiast non stop mięso. Kup kilka rodzajów na zapas.
10. Poprawiacze last minute: pomidory suszone, kapary, anchois – obowiązkowo. Nie zawracaj sobie głowy przekombinowanymi kompozycjami smakowo-zapachowymi.
11. Warzywa mrożone – na zupę, na patelnię – musowo.
12. Mieszanki suche last minute: mieszanki kasz, ryżu, mieszanka kaszy z soczewicą itp. – zamiast pizzy.
13. Prawdziwy polski miód – do owsianki lub lemoniady.
14. Napój roślinny – do kawy, do owsianki.
15. Dobrej jakości czekolada z orzechami, gorzką też kup.
16. Awokado – do chleba zamiast masła.
17. Zamiennik czipsów – zobacz w rozdziale o czipsach.
18. Kapusta, ogórki kiszone – jak cię najdzie ochota na podjadanie, zacznij od kiszonek.
19. Proste ciastka z mniejszą zawartością tłuszczu i cukru. A najlepiej te bez dodatku cukru.
20. Morele niesiarkowane – słodka przekąska.
21. Dobry chleb razowy, może być paczkowany, jeśli nie masz

wyjścia lub robisz zakupy raz na dwa tygodnie.

22 Dobrej jakości fast food mrożony, np. z rybą.

23 Jogurt naturalny – można sam, można z owocami, orzechami, müsli – wedle uznania.

24 Dobrej jakości fast food oparty na warzywach strączkowych.

VII. #gymtime #lovesiłka #biegambolubię

Gratuluję i zazdroszczę! Jeśli treningi nie są obciążające i biegasz czy ćwiczysz dla przyjemności – nie musisz specjalnie modyfikować diety poza zwróceniem uwagi na podaż witamin z owoców i warzyw. Plus ewentualnie białko, jeśli zależy ci na rzeźbie.

1 Proste pomidory w szkle bez dodatków.

2 Warzywa strączkowe, np. soczewica, ciecierzyca – to też jest źródło białka.

3 Orzechy, migdały – to też jest źródło białka.

4 Płatki owsiane – do owsianki, ciastek, ale też koktajli.

5 Kasze: jaglana, pęczak, gryczana – kupuj to, co lubisz.

6 Ryż – do risotto, dziki, brązowy.

7 Masło orzechowe (100% orzechów ziemnych lub innych – wypróbuj!) lub fistaszki niesolone.

8 Prosty sos wielowarzywny z fasolą.

9 Zioła, przyprawy.

10 Dobry olej lniany, oliwa z pierwszego tłoczenia, olej rzepakowy.

11 Pasta warzywna do chleba oparta na roślinach strączkowych – kolejna porcja białka, nie musi być non stop mięcho.

12 Poprawiacze last minute: pomidory suszone, kapary, anchois – jeśli przerzucasz się z białka mięsnego na roślinne, takie poprawiacze bardzo urozmaicą smak i nie pozwolą zatęsknić za mięsem przetworzonym.

13 Warzywa mrożone – na zupę, na patelnię, zwłaszcza z fasolą i soczewicą.

14 Mieszanki suche last minute - mieszanki kasz, ryżu, mieszanka kaszy z soczewicą itp.
15 Prawdziwy polski miód – źródło łatwo przyswajalnego cukru, może służyć do zrobienia domowego izotonika.
16 Dobrej jakości czekolada z orzechami to cukier z tłuszczem. Gorzką też kup – ma mniej cukru, ale za to więcej tłuszczu.
17 Awokado – źródło tłuszczu: do chleba zamiast masła, do sosu do przekąsek na słono, do musu czekoladowego, serio.
18 Zamiennik czipsów – zobacz w rozdziale o czipsach.
19 Kapusta, ogórki kiszone – potrzebujesz probiotyków.
20 Proste ciastka z mniejszą zawartością tłuszczu i cukru. Możesz też zrobić oparte na odżywce białkowej, jeśli używasz.
21 Morele niesiarkowane zamiast słodkich przekąsek.
21 Biały ser – źródło białka.
23 Jeśli kochasz mięso, stawiaj na proste bez dodatków, nieprzetworzone. Produkty zawierające MOM oraz wszelkie mięsne wynalazki z niską zawartością białka od razu wywal z lodówki i zapomnij o nich podczas zakupów.
24 Warzywa i owoce – w pogoni za białkiem nie zapomnij, że organizm potrzebuje witamin i składników mineralnych.
25 Woda – nie kupuj napojów sportowych, jeśli nie musisz. W domu możesz zrobić coś podobnego samodzielnie.

Pamiętaj, że nieuzasadnione zwiększanie podaży białka w diecie może m.in. osłabiać układ kostny, przyczyniając się do usuwania wapnia z tkanek kostnych. Nie kupuj odżywek białkowych tylko dlatego, że „wszyscy używają", a instagram zalany jest puszkami z proszkiem i kulkami białkowymi.

VIII. Czipsy z jarmużu forever

Jeśli jesteś zwolenniczką zdrowego odżywiania i chciałabyś jeszcze bardziej udoskonalić system, skup się na maksymalnym wykorzystaniu regionalnych, sezonowych surowców, do których masz dostęp. Stawiaj na obróbkę cieplną typu gotowanie na parze, pieczenie w piecu, zdecydowanie zrezygnuj z długiego smażenia czy grillowania na węgiel. Wybieraj produkty jak najmniej przetworzone, pamiętając o tym, że coraz więcej producentów zaczyna mieć w ofercie zamienniki z *clean label* i właściwie niemal wszystko już można wymienić na „lepsze".

1. Warzywa strączkowe, np. soczewica – różne rodzaje, ciecierzyca, fasola – różne rodzaje.
2. Orzechy, migdały, pestki itp.
3. Płatki owsiane, gryczane, żytnie.
4. Kasze: jaglana, pęczak, gryczana.
5. Ryż, np. dziki, brązowy.
6. Sezam, siemię lniane, czarnuszka.
7. Masło orzechowe lub fistaszki niesolone.
8. Orzechy nerkowca, migdały lub wiórki kokosowe do zrobienia napoju roślinnego.
9. Zioła, przyprawy.
10. Dobry olej lniany, oliwa z pierwszego tłoczenia, olej rzepakowy.
11. Warzywa mrożone – na zupę, na patelnię – nie bój się mrożonek, przydają się.
12. Mieszanki suche last minute: mieszanki kasz, ryżu, mieszanka kaszy z soczewicą itp.
13. Prawdziwy polski miód.
14. Dobrej jakości czekolada gorzka np. 80–85% kakao.
15. Awokado – do chleba zamiast masła, do sosu, do przekąsek na słono, do musu czekoladowego.
16. Morele i inne owoce BIO, niesiarkowane.
17. Kilka rodzajów mąk do upieczenia chleba: razowe, zwykłe. Eksperymentuj, nie kupuj w kółko żytniej. Spróbuj zrobić chleb z kaszy gryczanej + mąka żytnia na zakwas.
18. Ulubione warzywa + zestaw do kiszenia: kapusta i ogórki, buraki itp.

19 Świeża natka pietruszki, imbir, kurkuma.
20 Regionalny ser i/lub twaróg.
21 Orzeszki piniowe lub inne do robienia pesto.

IX

IX. Kocham słodycze i nic na to nie poradzę

Jeśli kochasz słodycze, i na to jest rada. Jeśli jesteś zwolenniczką lub niewolnicą słodkiego smaku – poza tym, że zachęcam do bardzo powolnego, stopniowego odstawienia cukru i odzwyczajania się od słodkiego smaku – chcę pokazać kilka zamienników. Nadal słodkich, ale jednak obniżamy poziom cukru, co będzie zdecydowanie dobrym pomysłem ze względów zdrowotnych.

1 Warzywa strączkowe, np. fasola – wychodzi z niej kapitalne brownie czekoladowe.
2 Orzechy, migdały – do zagryzania w napadach głodu i obowiązkowo do czekolady!
3 Płatki owsiane – można zrobić z nich proste ciastka owsiane lub owsiankę na śniadanie. Pamiętaj, że węglowodany złożone w twoim menu będą zmniejszały dzikie napady głodu i ochotę na słodycze.
4 Kasze: jaglana, pęczak – kupuj te, które lubisz, na słodko są genialne, a przygotowanie to błyskawiczny banał, np. budyń jaglany.
5 Ryż – z jabłkiem i cynamonem to lekki deser, można też dodać jogurt naturalny.
6 Sezam, siemię lniane – dodawaj do posiłków na słodko, do ciastek itp.
7 Masło orzechowe (lub fistaszki niesolone, jak chcesz zrobić sama) – do kanapki jak znalazł.
8 Orzechy nerkowca, migdały lub wiórki kokosowe do zrobienia napoju roślinnego.
9 Dobry olej lniany – dodawaj do warzyw lub owsianki.

10 Pasta warzywna do chleba – spróbuj zamiast kanapek z dżemem słodkawych past warzywnych.

11 Warzywa mrożone – na zupę, na patelnię. Uratują cię w napadzie głodu przed sięganiem po paczkę z ciastkami.

12 Mieszanki suche last minute: mieszanki kasz, ryżu, mieszanka kaszy z soczewicą itp. Jak wyżej.

13 Prawdziwy polski miód – jeśli musisz dosładzać płatki, wybierz owsiankę z łyżką miodu zamiast gotowych mieszanek z dużo większą, odgórnie narzuconą zawartością cukru.

14 Dobrej jakości czekolada z orzechami, gorzką też kup i jedz na zmianę.

15 Awokado – do chleba zamiast masła, do sosu, do przekąsek na słono, do musu czekoladowego – spróbuj!

16 Kapusta, ogórki kiszone – jak cię najdzie ochota na podjadanie, zacznij od kiszonek.

17 Proste ciastka z mniejszą zawartością tłuszczu i cukru – poszukaj w sklepie lub online.

18 Morele niesiarkowane – jeśli kochasz żelki, morele są fajną alternatywą.

19 Serek waniliowy – jeśli kochasz lody, zmieszaj serek homogenizowany z jogurtem naturalnym greckim i zamroź. Trzy minuty roboty, kilka godzin czekania i 4 razy mniej cukru i tłuszczu.

Literatura

Literatura

Technologia żywności cz. 1, red. E. Czarniecka-Skubina, D. Nowak 2010
Technologia żywności cz. 2, red. E. Czarniecka-Skubina, 2011
Technologia żywności cz. 3, red. E. Czarniecka-Skubina, 2012
Żywienie człowieka a zdrowie publiczne, J. Gawęcki, W. Roszkowski, 2009
Substancje dodatkowe w przetwórstwie mięsa, red. W. Uchman, 2008
Wpływ zabiegów technologicznych na właściwości frytek ziemniaczanych i zawartość akrylamidu, A. Tajner-Czopek, 2011
Składowanie produktów roślinnych, H. Schulz, H. Böttcher, 1999
Produkty zbożowe. Technologia i rola w żywieniu człowieka, red. J. Gawęcki, W. Obuchowski
Odroczony rozrost – technologia w piekarni, H. Huber, 2014
Ryby i bezkręgowce morskie – pozyskiwanie, właściwości, przetwarzanie, Z.E. Sikorski, 2004
Towaroznawstwo żywności pochodzenia zwierzęcego, red. E. Flaczyk, D. Górecka, J. Korczak, 2011
Witaminy, M. Friedrich, 2016
Technologia produktów owocowych i warzywnych, tom 1, A. Jarczyk, W. Płocharski, 2010
Technologia produktów owocowych i warzywnych, tom 2, A. Jarczyk, W. Płocharski, 2010
Wybrane zagadnienia z zakresu toksykologii żywności oraz wpływów pokarmu na farmakoterapię, J. Stein i in., 2016
http://ryby.wwf.pl/dorsz-sledz-tunczyk-sola-wlasciwy-wybor-ryby-na-nasz-stol-przyczynia-sie-do-ochrony-ekosystemow-morskich/

Arsen – trucizna czy lek?, K. Kulik-Kupka i in., „Medycyna Pracy" 2016
Development children's eating behavior, M. Ramos, L.M. Stein, J. Pediatr. (Rio J.). 2000; 76 (Supl. 3): S229-S237: eating behavior, children's nutrition, food preferences.
Żywienie człowieka zdrowego i chorego, red. M. Grzymisławski, J. Gawęcki, 2012
Dietetyka. Żywienie zdrowego i chorego człowieka, H. Ciborowska, A. Rudnicka, 2016
Żywienie i usługi gastronomiczne, cz. III, E. Superczyńska i in., 2016
Żywienie człowieka. Podstawy nauki o żywieniu, red. J. Gawęcki, 2012
Technologia gastronomiczna z towaroznawstwem, K. Flis, A. Procner, 2009
Warzywa i owoce. Przetwórstwo i rola w żywieniu człowieka, red. J. Gawęcki, J. Czapski, 2017
Kompendium rolnictwa ekologicznego, J. Błażej, 2011
Technologia wędzenia żywności, red. E. Kołakowski, 2012
Wybrane zagadnienia z technologii żywności pochodzenia roślinnego, red. M. Mitek, K. Leszczyński, 2014
Uprawa warzyw w pomieszczeniach, red. M. Knaflewski, 2010
W treści wykorzystano fragmenty rozmów z technologami żywności kilku polskich zakładów przemysłowych, właścicielami i kierownikami sklepów oraz inspektorami.
Patofizjologia, red. S. Maśliński, J. Ryżewski, 2002
Biochemia Harpera, R. K. Murray, 2002

Kompendium wiedzy o żywności, żywieniu i zdrowiu, red. J. Gawęcki, T. Mossor-Pietraszewska, 2004
Żywienie człowieka i analiza żywności – wybrane zagadnienia, red. H. Grajeta, 2017
Ogólna technologia żywności, red. E. Dłużewska, K. Leszczyński, 2013
Technologia drobiu i jaj – przewodnik do ćwiczeń, A. Augustyńska-Prejsnar i in., 2014
Dobór metod oceny wybranych cech jakościowych żywności, K. Pawlak-Lemańska, 2018
Processed meat and colorectal cancer: a review of epidemiologic and experimental evidence, R.L. Santarell et al., Nutr Cancer. 2008; 60(2): 131–144.
www.iarc.fr
www.who.int
Metylacja DNA a otyłość prosta, M. Pokrywka i in., Postepy Hig Med Dosw (online), 2014; 68: 1383-1391
http://www.zcim.pl/index.php/dokumenty/dokumenty-6/01-k-okre-glicka-h-mojska
www.uokik.gov.pl

Więcej informacji
znajdziesz na stronie:
https://kursy.doktorania.pl/
https://doktorania.pl/
Facebook: Doktor Ania
Instagram: @doktorania

Notatki

Notatki

Burda Media Polska Sp. z o.o.
02-674 Warszawa, ul. Marynarska 15
Dział handlowy:
tel. (48) 22 360 38 38
fax (48) 22 360 38 49
Sprzedaż wysyłkowa:
Dział Obsługi Klienta, tel. (48) 22 360 37 77

Redakcja i korekty: **Melanż**
Projekt okładki: **Krzysztof Rychter**
Projekt graficzny i skład: **Michał Piekarski**
Zdjęcie na I stronie okładki: **Marcin Klaban**
Redaktor prowadząca: **Agnieszka Radzikowska**

Redaktor techniczny: **Mariusz Teler**

Druk: Perfekt, Warszawa

ISBN : 978-83-8053-457-5

www.burdaksiazki.pl